2012년 백제생활문화특별전 의 · 식 · 주

백제의 맛

음식이야기

Taste of Baekje : *Food & Cooking*

한성백제박물관
SEOUL BAEKJE MUSEUM
서울역사박물관
SEOUL MUSEUM OF HISTORY

인사말

백제 衣食住 생활문화 특별전시회
‘백제의 맛 - 음식이야기’ 를 개최하며

한성백제박물관에서는 2012년 겨울, 특별전시회 "백제의 맛 - 음식이야기"를 개최합니다. 한성백제박물관 개관 첫 해인 올해, 지난 봄 열렸던 "백제의 맵시" 첫 전시회에 이어 백제생활문화 시리즈 두 번째 전시회로서, 식생활을 주제로 한 고대 백제인의 음식문화를 소개하고자 합니다. 우리는 우리의 선조들이 어떤 음식을 먹고 어떤 집에 살면서 어떤 의복을 입고 살았을까에 대한 기본적 궁금증을 가지고 있으며, 삶의 기초 구성 요소인 의식주 생활문화를 살펴봄으로써 고대문화의 실상에 한층 다가갈 수 있다고 생각합니다.

지금부터 2000여 년 전부터 한강 변에 터전을 마련하고 왕국으로 출발한 백제는 그동안 상당 부분 잊혀진 역사로 묻혀있어 지금까지도 많은 부분이 베일에 싸인 채 알려진 것보다는 모르는 부분이 더 많았습니다. 그러나 다행스럽게도 근래 들어 실시된 크고 작은 발굴을 통하여 여러 가지 새로운 역사적 사실들이 속속 밝혀지고 있는 상황입니다.

십 수 년 전, 필자가 발굴했던 파주 주월리의 초기 백제시대 대형 주거지에서는 여러 가지 곡물을 저장했던 대형 항아리들이 줄지어 발견되면서 백제인들의 식생활 문화에 대해 생각해 보는 계기가 되었습니다. 또한 서울 풍납동에 위치한 한성백제 왕도 유적인 풍납토성에서는 왕실 창고로 보이는 유구를 비롯하여 여러 곳에서 항아리와 시루 등 많은 도기와 토기들이 출토되고 있습니다. 이들 도, 토기 등 출토 유물들을 통해 당시의 다양한 식탁 메뉴와 조리법에 대한 중요 정보를 알 수 있을 뿐만 아니라, 지역 간 또는 국가 간 문물 교류에 대해 유추해 보기도 합니다. 더욱이 그릇이나 항아리들 속에 남아있는 여러 가지 풍부한 음식 재료들을 확인함으로써 당시 식생활이 아주 풍부하고 다양하였으며, 오늘날의 밥상과 크게 다르지 않았음을 알아 볼 수도 있었습니다.

이렇듯 곡물, 동,식물 및 어류 등의 다양한 식재료는 물론이고 저장 용기, 저장 시설과 함께 부뚜막을 비롯한 조리, 취사 시설까지 백제인의 풍부한 삶의 내용이 생생히 담긴 유구와 유물들이 그간 적잖게 조사되어 있으며 학계의 관련 연구도 활발히 진행되어 왔습니다. 이제, 백제인들의 식생활을 복원하여 그들의 생활상에 한발 가까이 다가갈 수 있게 되었고, 이를 한 곳에 모아 전시해 봄으로써 고대의 생활 문화를 좀 더 자세히 조명해 보고자 하는 것이 이번 전시회의 취지입니다. 이러한 고대인의 의식주 생활문화 전시를 통해 일상생활 속 한민족 전통의 뿌리에 대한 이해와 해답을 구할 수 있기를 기대합니다.

이번 전시회는 우리 박물관이 소장하고 있는 풍납토성에서 출토한 위탁 유물들과 함께, 국립중앙박물관을 비롯한 타박물관들과 발굴 전문기관들로부터 소중한 유물들을 대여 받아 이루어졌습니다. 전시물을 대여해 주신 여러 기관들과 전시 학술 자문에 참여해 주신 분들께 이 자리를 빌려 감사의 말씀을 전합니다. 또한 박물관 개관 이후 짧은 준비 기간에도 불구하고 이와 같이 의미 있고 흥미로운 전시회를 마련하느라 애쓴 한성백제박물관 전시기획과 여러분의 노고를 치하하는 바 입니다.

2012년 12월

한성백제박물관관장 李 仁 淑

프롤로그

… 전시를 준비하며

… 음식이 역사를 만든다

사람은 먹어야 산다. 살기 위해 먹든, 먹기 위해 살든, 음식은 사람이 살아가는 데 가장 기본적이며 필수적인 요소이다. 그렇기에 음식은 그 사람의 건강을 반영한다. 취향을 반영한다. 그 사람이 살아온 길과 앞으로 살아갈 길을 반영하기도 한다.

사람들은 먹을 것을 얻기 위해 산을 넘고 강과 바다를 건넜다. 먹을 것을 얻기 위해 거래를 하고 협상을 하고 전쟁을 했다. 사회마다 귀한 음식이 있고 흔하고 천한 음식이 있다. 사회마다 먹어야 할 음식, 먹어도 좋은 음식이 있고 먹지 말아야 할 음식이 있다. 음식이 그 사회의 정치, 경제, 사상, 역사, 문화를 반영하기 때문이다.

백제 사람들은 무엇을 먹었을까? 몇 끼를 먹었을까? 불교가 전래된 뒤 백제사람들의 밥상에는 어떤 변화가 일어났을까? 어떻게 조리했을까? 2000~1600년전 서울에서 살던 백제사람들이 추구했던 '맛'을 남겨진 기록과 유적 · 유물을 통해 느끼려 하였다.

… 백제의 자연환경

1) 지리적 특징

한강은 총연장 481km로 남한에서 낙동강 다음으로 긴 하천이다. 그러나 강의 유역면적은 26,018㎢로 낙동강보다 넓다. 한강 수계는 크게 북한강과 남한강으로 나뉘며, 경기도 남양주의 양수리에서 합류한다. 양수리에서 형성된 한강 본류는 수도 서울을 관통하며 서쪽으로 흐르다가 파주군 탄현에서 임진강과 합류해 서해로 유입한다.

한반도는 동쪽이 높고 서쪽이 낮은 지형이기 때문에 강들이 서해안으로 흘러들어가며 하계망을 형성한다. 서울지역은 예성강, 임진강, 한강이 형성한 하계망의 수로를 통해 내륙 깊숙이까지 교통할 수 있는 지리적 이점을 지니고 있었다. 또한, 3개의 강이 흘러드는 경기만은 해양으로 진출하는 출구이자 바다에서 내륙으로 들어오는 입구였기 때문에 수륙교통 및 해상교통이 교차하는 중계지역이기도 했다. 백제는 전국을 1개의 선으로 잇는 수륙, 해상교통의 요지를 차지함으로써 동아시아 물류망의 중심지 역할을 할 수 있었다.

2) 기후 및 식생

- 기후

한반도는 4계절이 뚜렷한 온대기후지역에 속하며 여름에 덥고 겨울에 추운 대륙성기후의 영향을 받는다. 또, 여름철에는 장마가 나타나는 기후적 특징을 지닌다. 서울이 위치하는 한강유역은 연평균 11℃, 총강수량 약 1,300mm로서 비교적 비가 많이 내리는 지역에 속한다.

기후는 항상 일정한 것이 아니다. 온난한 시기와 한냉한 시기가 서로 번갈아 나타나며, 건조한 시기와 습윤한 시기도 역시 마찬가지 변화를 보인다. 지금부터 3,000년전부터 1천년 전까지 동북아시아는 한랭기였다고 한다. 중국에서는 서기 100~150년경, 250~340년경에 홍수와 한발이 자주 나타났으며, 일본에서는 3~8세기를 한랭기로 분류한다. 이러한 기후추세를 통해 백제가 한강유역에 도읍했던 시기의 기후가 대체로 냉랭하며 가뭄이 잦은 쪽이었음을 알 수 있다. 농경사회인 백제에서 가뭄은 가장 큰 부담이었다.

"봄에 비가 오지 않았는데 6월까지 계속되었다. 백성들이 굶주려 자식을 파는 자까지 있게 되었으므로 왕이 나라의 곡식을 내어 그것을 물러 주었다" [『삼국사기』「백제본기」 근구수왕 8년(382)]는 등의 기록을 통해서도 확인할 수 있다.

- 생태환경

한강은 주변에 농경취락이 발달할만한 평지와 구릉성 산지가 많다. 농사짓기에 좋고 물고기를 잡기에도 좋다는 점 때문에 일찍부터 사람들이 많이 모여 살았다. 한강유역에 자리잡은 백제 사람들이 무엇을 먹고 살았는지를 전하는 자료는 거의 없다. 다만, 『삼국사기』, 『삼국지』, 『일본서기』 등의 역사서에 전하는 단편적인 기록과 각 지역에서 발견되는 고고학 자료들을 통해 일부를 유추할 수 있을 뿐이다. 한편, 『세종실록 지리지』, 『신증동국여지승람』 등 조선시대 지리지 등에 전하는 토산물 기록의 경우 한성기 이후 자연환경이 크게 변하지 않았다는 점에서 참고가 된다.

▶ 식물, 농산물

한강유역은 강으로부터의 거리 또는 구릉지의 높이 등에 따라 생태환경이 달랐다. 일반적으로 건조한 지역은 상수리나무 숲이 형성되고 아주 건조한 곳은 굴참나무 숲이 형성되기 때문에 산이나 구릉의 남사면은 대체로 상수리나무, 굴참나무 등이 많이 분포하였을 것이다. 산의 북사면은 상대적으로 습도가 높아 참나무의 일종인 신갈나무 숲이 형성되어 있었을 것이며, 이와 함께 팥배나무, 산벚나무, 때죽나무, 물박달나무 등의 아교목이나 진달래, 참싸리, 붉은병꽃나무, 국수나무 등의 관목이 분포하였을 것이다. 이외에도 『삼국지』위서 동이전에 전하는 바와 같이 밤나무 숲이 조성되었을 가능성이 있다.

백제의 주산물은 농산물이었으며 특히 곡물이 그 중심이었다. 한강유역에서는 신석기시대부터 작물재배의 흔적이 보이며, 청동기시대에는 농경 중심의 생업경제가 확립되었을 것으로 생각된다. 대표적인 유적은 벼, 조, 수수, 보리 등을 재배한 여주 흔암리유적이다. 또, 금강유역의 부여 송국리유적에서는 탄화미가 출토되었으며, 충남 보령이나 논산 등지에서는 청동기시대의 논이 발견되었다. 특히, 기원전 5세기경으로 편년된 논산시 연무읍 마전리 논유구는 인공수로가 조사되어 천수답이 아닌 인공급수가 가능한 건전(乾田)임이 밝혀졌다. 기원전 1세기경의 생활유적인 광주 신창동유적에서도 두께 155cm에 달하는 두꺼운 벼껍질층이 발견되기도 하였다. 『삼국사기』에는 식용작물로서 벼, 보리, 콩 등에 대한 기록이 전하고 있어 백제 한성기에도 이러한 작물들이 경작되고 주요 식량원으로서 공급되었음을 알 수 있다.

한편, 조선전기의 기록인 『세종실록지리지』 등을 참고하면 경기, 충청, 전라도 각지에서 벼, 기장, 조, 수수, 콩, 팥, 보리, 메밀, 참깨 등이 재배되었음을 알 수 있다. 그리고 대추, 감, 배, 모과, 호도와 같은 유실수도 각 지역에서 널리 자라고 있었다. 일본에서는 죠몬[繩文]시대 후기에 오이, 메밀, 참깨[胡麻], 토란 등이 경작되었고, 야요이[彌生]시대에 쌀, 보리, 밀, 조, 피, 수박, 완두콩 등이 경작되었다고 한다. 따라서 백제 한성에도 이미 위의 경작물들이 재배되었을 가능성이 크다.

종류	이름
곡물류	쌀, 보리, 밀, 기장, 조, 피, 메밀, 콩, 팥, 깨, 녹두, 麻
채소류	아욱, 고사리, 미나리, 참나물, 기름나물, 근대, 백합, 쑥, 달래, 냉이, 무, 박, 가지, 토란, 칡, 오이, 마늘, 부추, 파, 상추, 연근
과일류	감, 개암, 밤, 도토리, 호도, 대추, 복숭아, 살구, 가래, 참외, 배, 사과, 머루, 포도, 수박, 잣

▶ 동물

백제 때의 동물 역시 지금과 크게 다르지 않은 듯하다. 태안 고남리패총에서 발견된 멧돼지, 사슴, 개, 여우, 살쾡이, 오소리, 쥐, 꿩, 오리, 산비둘기, 솔개, 각종 돔, 농어, 복어, 방어, 넙치, 가오리, 상어류, 민어, 준치, 멸치, 굴, 피뿔고둥, 우럭, 백합, 홍합, 전복, 꼬막, 키조개, 피조개 등의 각종 동물 및 어패류 유체가 이를 알려준다. 또한 백제 한성기의 왕도였던 풍납토성과 몽촌토성에서도 말, 멧돼지, 복어, 민어, 가물치, 굴, 백합 등 동물유체가 발견되어 한성시기의 동물자원이 지금과 크게 다르지 않았음을 알 수 있다.

한편, 비록 후대의 기록이지만, 『삼국사기』「백제본기」에 법왕(法王)이 살생을 금하는 명령을 내리며 민가에서 기르던 매를 날려 보내고 어로와 수렵도구를 모두 불살랐다는 기록을 통해 백제사람들의 식생활에서 동물이 중요한 단백질 공급원이었음을 알 수 있다.

종류	이름
동물류	개, 소, 말, 돼지, 멧돼지, 사슴, 노루, 토끼, 여우, 염소 등
조류	닭, 오리, 꿩, 참새, 기러기, 비둘기 등
어류	조기, 돔, 농어, 복어, 준치, 민어, 숭어, 정어리, 방어, 청어, 대구, 넙치, 가오리, 갈치, 멸치, 양태, 상어, 고래, 게, 잉어, 미꾸라지 등
패류	굴, 고둥, 우럭, 백합, 조개, 소라, 꼬막, 홍합, 전복 등

총　괄 이인숙
전시기획 김기섭, 이효준
전시진행 김기섭, 이효준, 이경자, 문은순, 최진석, 황경미
전시지원 김지미, 장미애, 김민정, 신화영
유물출납 최경숙, 이경아
보존처리 정세리
행정지원 김용해, 윤석존, 김인철, 조연상, 하개헌, 고정일
홍보지원 권순철, 정혜경
전시설계 (주)작품오늘
원고집필 오승환(한강문화재연구원), 황경미
원고편집 김기섭, 황경미
유물촬영 K2 스튜디오
도록디자인 (주)작품오늘

전시 및 자료 협조

강릉원주대학교박물관
강원고고문화연구원
경기문화재연구원
경남문화재연구원
국립가야문화재연구소
국립공주박물관
국립부여문화재연구소
국립중앙박물관
국립춘천박물관
단국대학교석주선박물관
동방문화재연구원
부산박물관
서울대학교박물관
한강문화재연구원
한국고고환경연구소
한신대학교박물관

일러두기

1. 이 책은 한성백제박물관이 2012년 12월 21일부터 2013년 2월 24일까지 개최한 백제생활문화특별전 '백제의 맛-음식이야기' 의 전시도록이다.
2. 전시유물의 사진은 한성백제박물관에서 촬영하였으며 타 기관 소장품 이미지는 해당기관의 허가를 득하여 사용하였다.
3. 도판의 캡션은 유물이름(한글/한자), 크기 순이며, 크기의 단위는 cm이다.
4. 한성백제박물관 소장품은 소장처를 명기하지 않는다.
5. 이해를 돕기 위해 전시에 출품되지 않은 유물도 일부 도록에 수록하였다.
6. 이 책에 수록된 내용의 무단전재 및 복사를 금하며, 상업적으로 이용하고자 할 경우에는 해당기관의 허가를 받아야 한다.

CONTENTS

01

식재료 저장

농경은 수확시기가 일정기간에 집중되는 만큼 다음 수확시기까지 수확물을 안전하게 저장하는 시설과 관리기술이 매우 중요하다. 그래서 농업 생산력이 발전함에 따라 식량자원을 저장하는 시설이 더욱 커지고 집중되었으며, 저장·관리 시스템도 더불어 발전하였다. 그러므로 식재료 저장 방식과 저장시설은 당시의 기술력과 식량자원의 저장능력을 이해하는 데 있어 가장 중요한 기준자료라 할 수 있다. 저장시설의 집중화 및 대형화는 도시 발달 및 국가 형성과도 깊은 관련이 있다.

1. 백제의 저장시설

… 전용 저장창고

저장시설은 사전적 의미로 '창고(倉庫)'라는 용어를 사용한다. '창(倉)'은 곳집으로서 곡식 등을 저장하는 건물 또는 죄인을 가두는 감옥을 뜻하기도 한다. '고(庫)'는 무기를 넣어두는 곳집을 의미하는데, 글자 안에 들어있는 '거(車)'를 통해서 알 수 있듯 수레를 넣어둔다는 의미도 있다. 그러나 시간이 지나면서 다른 재화를 저장하는 창고라는 뜻으로 더 널리 쓰이게 되었다. 이처럼 창고란 원래 곡물을 저장하는 시설인 '창'과 무기 및 용도품(用途品)를 넣어두는 '고'의 합성어인데, 지금은 모든 물건을 저장하는 시설이라는 뜻으로 사용되고 있음을 알 수 있다.

한편, 중국에서는 저장시설을 칭하는 용어가 교(窖), 두(竇), 창(倉), 름(廩), 고(庫) 등 매우 다양하다. 그러나 한국에서 창고의 개념은 이제 '광' 정도만 남아있으며 요즘은 이마저도 거의 쓰지 않는다. 그렇다고 창고의 종류와 구조가 단순한 것만은 아니다. 움을 파서 만든 광을 수혈창고(竪穴倉庫), 나무로 곽을 짜서 만든 광을 목곽창고(木槨倉庫), 돌을 쌓아서 만든 광을 석곽창고(石槨倉庫)로 구분할 수 있다. 그리고 지면에 설치한 광은 그냥 창고, 지면보다 높은 곳에 설치한 광은 고상창고(高床倉庫)라고 부르는 것이 보통이다.

1-1. 수혈창고

백제에서는 음식재료를 저장하기 위해 다양한 형태의 저장시설을 만들어 사용하였다. 한성도읍기에 주로 쓰인 저장시설은 움을 파서 만든 수혈창고였다. 수혈창고는 한국 · 중국 · 일본 등 동아시아는 물론 유럽이나 아메리카에서도 신석기시대 이래 지속적으로 사용된 저장창고이다.

청동기시대부터 삼국시대의 백제에 이르기까지 한반도 중서부지방에서는 단면 원형 또는 플라스크형태의 수혈창고가 많이 만들어졌다. 이 지역은 대체로 평야지대와 야트막한 구릉지가 발달하여 논농사와 밭농사에 적합하므로 농경생산물을 저장하기에 가장 유리한 수혈창고도 많은 것이다. 수혈창고는 항온, 항습효과가 매우 뛰어나다. 게다가 수혈창고는 별다른 기술이나 시설이 없어도 땅을 파서 얼마든지 필요한 만큼 조성할 수 있는 단순구조이다. 따라서 백제 한성도읍기에 수혈창고가 집중적으로 조영되었다.

한편, 백제 왕도유적과 그 부근에서 수혈창고가 집중적으로 발견되는 이유로서 정치적 관점의 해석이 가능하다. 지금의 서울 · 경기지역은 한성기의 정치적 거점지역인데다 그 주위에 넓은 농경지가 많이 분포되어 있었으므로 생산되는 막대한 잉여 수확물을 관리하기 위해 많은 수혈창고가 필요했다는 것이다. 즉, 정치권력에 의한 조세의 수취와 이를 위해 도로, 수로 등의 교통로체계 및 창고가 함께 관리, 운용되었음을 의미한다.

백제 한성기의 수혈창고는 주로 한강 이남의 하남 미사리, 화성 석우리 먹실, 용인 영덕동, 오산 가수동 등의 유적에서 확인되었으며, 최근에는 인천 구월동에서도 조사가 되었다. 이들 수혈창고는 모두 음식재료를 저장하였던 것으로 보이는데, 출토된 저장물은 대부분 탄화미이다. 이러한 양상은 일본의 수혈창고도 마찬가지여서 수혈창고가 주로 벼 저장용이었음을 알 수 있다.

백제 한성기의 수혈창고 중에서 탄화곡물이 가장 많이 출토된 곳은 용인 보정리유적의 20호 수혈창고이다. 수혈 내부에는 탄화미가 두께 20cm, 넓이 150×100cm로 채워져 있었다. 탄화미 외에는 잡초류의 씨앗이나 다른 작물의 유체 없이 탄화볏짚과 왕겨만 소량 확인되었다. 이러한 잔존양상을 통해 벼를 현미상태로 도정한 다음 섬에 담아서 보관하였음을 알 수 있다. 수혈창고의 잔존형태로 볼 때 다량의 쌀이 화재로 불에 타서 탄화되었던 것으로 추정되는데, 실제로는 수혈창고 내부에 훨씬 더 많은 양의 쌀이 채워져 있었을 것이다.

■ 용인 보정리 20호
경기문화재연구원

■ 용인 보정리 20호 탄화미
경기문화재연구원

수혈창고는 백제의 대표적 왕도유적인 풍납토성이나 몽촌토성에서도 다수 발견되었다. 특히 유약바른 도기항아리와 대형 항아리 수십여점이 가지런히 놓여있었던 풍납토성 경당지구 196호 유구는 백제왕실의 음식재료 창고로 추정되었으며, 대형 저장용기가 출토된 미래마을 다-38호 유구도 백제 지배층의 음식재료 저장과 관련한 것으로 추정된다.

움을 파서 만든 수혈창고의 평면형태는 크게 원형과 방형으로 나뉜다. 규모가 작은 것은 원형, 규모가 큰 것은 대체로 방형이다. 방형평면의 경당지구 196호 유구는 대규모 창고로서 일반적인 수혈창고와는 규모뿐 아니라 출토유물의 수준에서도 많은 차이를 보이며, 수혈의 깊이도 매우 얕은 편이다.

■ 풍납토성 경당지구 196호
한신대학교박물관

수혈창고는 백제뿐 아니라 당시 가장 선진적이던 중국에서도 국영창고의 흔한 형태였다. 당나라(唐, 618~907)에서 곡물을 저장하던 東京(지금의 洛陽)의 함가창(含嘉倉)은 면적이 420,000m^{2}였으며, 수혈창고 하나의 규모가 지름 18m, 깊이 6m로 엄청난 크기였다. 이러한 수혈창고가 현재 발굴조사를 통해 밝혀진 것만 무려 259개이며, 추정 창고만 해도 400여개에 이른다. 이처럼 국가차원에서 운영되던 수혈창고가 당시 선진문명을 가진 당나라에서 오랫동안 유지되었던 것을 보면, 수혈창고가 매우 보편적인 저장방식이었음을 알 수 있다.

수혈창고에는 무엇을 어떻게 저장할까?

수혈창고를 이용한 저장방식은 매우 다양하지만 대략 다음의 세가지로 나누어 볼 수 있다.

① 별다른 도구 없이 농작물을 그냥 넣어두는 방식이다. 요즘에도 농가에서는 고구마 굴, 생강 굴, 무 굴 등을 만들어 구덩이 내부에 수확된 농작물을 별다른 도구 없이 그대로 저장한다. 쌀이나 조, 수수와 같은 주요 곡물들도 크게 다르지 않다. 그 이유는 다른 작물에 비해 재배면적이 넓고 수확량이 많으며 일정기간에 집중될뿐더러 소비도 많기 때문에 빠르고 편리하게 저장하는 방식을 선호하기 때문이다. 이러한 방식은 하남 미사리, 오산 가수동, 용인 영덕동, 인천 구월동 등 대다수의 수혈창고에서 나타난다.

② 수혈 내부에 포대자루나 짚으로 짠 섬, 바구니 등에 곡물을 담아서 저장하는 방식이다. 대체로 콩이나 팥, 구근류, 견과류, 또는 과실류처럼 수확량이 상대적으로 적고 수확시기도 각기 달라서 수시로 저장과 소비행위가 빈번하게 이루어지는 형태이다. 이밖에 주요곡물인 쌀, 조 등을 첫번째 방식의 창고에서 꺼내어 도정한 뒤에 섬이나 포대에 담아 소비를 위해 주거공간으로 바로 옮기거나 양이 많으면 여기에서 단기간 보관을 한다. 따라서 수혈창고라기 보다는 오히려 음식재료의 잦은 출입이나 수시관리에 편리한 고상창고나 주거지 내에 저장하는 것이 적합한 방식이다. 이러한 이유 때문인지 실제 수혈 내에서 이와 같이 콩류나 견과류의 탄화물이나 자루로 보이는 편직물이 출토된 사례는 드문 편이다. 이러한 창고로 보이는 사례로서 복숭아 씨앗이 나온 논산 원북리 다-89호 수혈이나 도정된 쌀이 섬에 담긴 채 출토된 용인 보정리 20호 수혈 등이 있다.

③ 수혈창고 내에 저장용기를 두고서 여기에 곡물뿐 아니라 일상적인 음식물이나 음식재료 등을 저장하는 방식이다. 만약 저장물이 비었거나 새로운 저장물이 더 이상 없을 때에는 빈 토기를 뒤집어 놓거나 밀집해 수납하기도 한다. 이러한 사례는 화성 석우리 먹실 60호, 몽촌토성 85-2호 등의 수혈창고에서 살펴볼 수 있다.

이와 달리 세 번째 방식의 범주이지만 여기에서 약간 벗어나는 것인데, 일상생활 용구나 평소 잘 쓰지 않는 토기 등의 기물(器物)만 별도로 보관하는 창고형태로서 화성 석우리 먹실의 24호 수혈창고 등의 사례가 있다.

1-2. 목곽창고

백제의 주요한 저장시설로서 방형 또는 장방형의 움을 파고 판자로 가구를 짜서 바닥, 벽체, 천정 등을 만드는 창고이다. 목곽창고는 대전 월평동, 홍성 신금성, 공주 공산성, 부여 관북리, 이천 설성산성 등 백제 한성기부터 사비기까지 전 시기 동안 수혈창고와 함께 사용된 창고이다.

대전 월평동 목곽창고에는 방형의 목곽 내부에 사다리가 설치되어 있으며, 다량의 목제도구와 목기, 목제안장, 자라모양 토기, 전달린 토기, 뚜껑, 삼족배, 완, 옥기 등이 출토되었다. 목곽창고 주위로 수혈창고 350여기가 분포하는데 내부에서 토기와 기와편 등이 출토되었다. 이처럼 동일한 유적 내에서도 목곽창고와 수혈창고의 차이에 따라 저장된 내용물이 다름을 알 수 있다. 부여 관북리유적의 목곽창고에서는 참외, 복숭아, 다래, 살구, 머루 등 다량의 과일씨앗이 출토되어 왕궁의 고위층들이 먹던 과일을 저장하던 지하창고였음이 밝혀졌다.

한편, 백제에서는 이러한 목곽창고와 구조 및 형태가 유사하며 산성이나 수전농경지의 물을 저장하는 데 이용한 목곽저수조도 만들어 사용하였다. 목곽저수조는 금산 백령산성, 대전 계족산성, 부여 궁남지를 비롯한 여러 유적에서 확인되었다.

■ 목곽창고 (부여 관북리)
국립부여문화재연구소

1-3. 석곽창고

목곽창고와 마찬가지로 장방형의 수혈을 판 다음 벽체나 바닥에 돌을 쌓아서 만드는 창고형태이다. 백제 한성기의 풍납토성이나 몽촌토성에서는 조사되지 않았으며, 부여 관북리유적에서 확인되었다. 석곽창고는 아직 취락유적에서 발견되지 않았다. 따라서 일반적으로 만들어 사용한 것이 아니라 사비도성이라는 특수한 위계를 가지는 곳에서만 제한적으로 사용한 것으로 보인다. 최근 연천 호로고루성에서도 석곽구조의 창고로 보이는 시설이 조사된 바 있어 고구려에서도 석곽창고를 사용하였다고 볼 수 있다.

한편, 이천 설봉산성에서는 장방형 수혈의 벽체에 점토를 채우고 바닥에는 박석을 깔아 외부와 연결되는 계단시설을 만든 통일신라시대의 창고가 조사되었다. 그러나 수혈벽체에 돌 대신 점토를 채워서 벽을 쌓는 등 여러 면에서 차이를 보여 석곽보다는 부석식 수혈창고에 가깝다.

■ 석곽창고 (부여 관북리)
국립부여문화재연구소

1-4. 빙고

백제 사람들도 오늘날처럼 여름철에 얼음을 먹을 수 있었을까? 문헌기록과 발굴자료에 의하면, 백제보다 훨씬 이전에도 여름철에 얼음을 먹었던 사실이 드러났다. 중국의 고대기록 『시경(詩經)』에는 얼음을 저장하던 '빙고(氷庫)'에 관한 이야기가 전한다.

二之日鑿冰沖沖 三之日納于凌陰 四之日其蚤 獻羔祭韭.(『詩經』 豳風 七月)

섣달에 얼음 탕탕 깨어 정월에는 얼음창고에 넣는다네.
이른 아침엔 염소와 부추 차려놓고 제사 드리고 얼음창고 문 여니라.

주나라(周, B.C.1046~771) 때의 노래를 수록하고 있는『시경』에 이처럼 얼음을 저장하는 방법을 노래한 구절이 있는 만큼 3,000년 전에도 이미 얼음창고를 만들어 사용했음을 알 수 있다. 또한, B.C.200년경 진(秦)나라 때의 얼음창고가 섬서성(陝西省) 서부 봉상현(鳳翔縣)의 요가강릉(姚家崗凌)유적에서 발굴되어 중국에서는 오래 전부터 얼음을 저장했다가 여름에 사용하는 전통이 있었다는 사실을 확인할 수 있다.

한국의 고대에도 얼음창고를 사용한 사례는 이미 백제 이전부터 나타난다.

其死 夏月皆用氷.(『三國志』魏志 東夷傳 夫餘)

사람이 죽어 여름에 장사지낼 때에는 모두 얼음을 쓴다.

부여에서 여름에 장사지낼 때 얼음을 쓴 이유는 시신이 금방 썩는 것을 막기 위해서일 것이다. 『삼국유사』에는 신라 유리왕(24~57) 때 얼음창고[氷庫]를 지었다는 기록이 있다. 또, 『삼국사기』「신라본기」에는 신라 지증왕 6년(505) 겨울에 해당 관서에 명하여 얼음을 저장하게 했다는 기록이 있다. 같은 책 직관지에는 신라에 얼음창고를 관리하는 관청 빙고전(氷庫典)이 있었으며, 여기에 대사 1명, 사 1명의 관원을 두었다는 기록이 있다. 이러한 기록은 최근의 발굴성과를 통해 어느 정도 확인되었다.

연기군 나성리유적에서는 3~4세기의 얼음창고로 추정되는 kk-014호 수혈이 조사되었다. 이 수혈은 400×356cm 정도의 원형 평면으로서 바닥면의 동쪽에 배수로가 설치되어 있으며, 내부에는 직경 10cm 내외의 작은 할석과 자갈돌이 채워져 있다. 이러한 구조가 바로 얼음창고의 주요한 특징인데, 자갈이 깔린 배수로를 통해 얼음이 녹으면서 생기는 물이 빠져나가도록 설계된 것으로 보인다. 나성리유적의 얼음창고에 저장된 얼음은 아마도 인근의 금강에서 채취하였을 것이다.

■ 빙고 (연기 나성리)
한국고고환경연구소

공주 정지산유적에서도 6세기 초의 얼음창고로 추정되는 유구가 발견되었다. 대다수의 학자들은 『삼국지』에 실린 부여의 사례와 마찬가지로 무령왕비의 빈전(殯殿)이 이곳에 설치되었고, 시신의 부패를 막기 위해 사용할 얼음을 보관했던 곳으로 추정하였다. 그리고 상주 병성동유적에서는 5~6세기경에 해당하는 신라의 얼음창고가 발굴되었다.

한편, 삼국시대 얼음창고의 저장방법에 관한 모습을 추정해볼 수 있는 내용이 4세기 중반의 일본기록에 나타난다.

掘土丈餘 以草蓋其上 敦敷茅荻 取氷以置其上 旣經夏月以不泮.

(『日本書紀』仁德天皇 62년)

땅을 1장 남짓 파고 그 위에 풀을 깐다. 두텁게 이엉이나 억새를 깔고
그 위에 얼음을 놓는다. 여름을 지내도 얼음은 녹지 않는다.

백제에서 얼음창고에 얼음을 저장하는 방식도 『일본서기』에 적힌 것과 크게 다르지 않았을 것이다.

1-5. 고상창고

백제 한성도읍기에 만든 지상창고에 대해서는 아직 밝혀진 바가 거의 없다. 따라서 지상창고가 존재하지 않았거나 아니면 지면 위에 설치되어 이미 삭토되었을 가능성도 생각해 볼 수 있다. 지상식 창고가 어느 정도나 설치되었는지는 판단하기 쉽지 않지만, 부소산성 안에서 사비도읍기의 군창지가 발견된 것을 보면 가능성은 높은 편이다.

건물의 바닥면이 지면보다 높은 곳에 위치하는 고상창고는 비교적 많았다. 고상창고는 남아있는 흔적이 기둥구멍 밖에 없어 당시의 음식재료 및 저장방식에 대해서는 자세한 정보를 주지 못한다. 게다가 기둥 구멍만으로는 이것이 주거공간인지 창고였는지를 판단하기도 쉽지 않다. 그래서 고상건물이 단독으로 존재하기보다 같은 유적 안에서 수혈창고나 주거지와 함께 동반하여 발견될 때 비로소 창고로 판단하는 경우가 많다.

삼국시대에 고구려에서 부경(桴京)이라는 고상창고를 이용해 곡식을 저장하였다는 사실은 익히 알려져 있다. 백제에서도 이러한 고상창고에 곡식을 저장하였다는 사실을 알려주는 사례가 하남 미사리 등 여러 유적에서 확인되었다. 또한 백제와 문화교류가 빈번하였던 일본에서도 고분시대에 고상식 창고가 서일본 전역으로 확산되었다고 한다. 그 대표적인 사례가 오사카[大阪] 나니와노미야[難波宮]에서 조사된 고상창고들이다. 이밖에 고상창고는 신라와 가야의 많은 유적에서 확인될 뿐 아니라 집모양토기[家形土器]의 형태로도 남아있는 만큼 상당히 보편적으로 이용되었음을 알 수 있다.

한편, 백제 한성기의 하남 미사리유적에서는 다양한 형태의 고상건물이 조사되었는데 수혈주거지와 동반하는 것으로 보아 주거용보다는 창고용인 듯하다. 인근에는 대규모의 밭 유구도 함께 있어 밭에서 생산된 수확물을 저장하던 시설일 가능성이 매우 높다. 다만, 고상창고와 함께 수혈창고도 나타나고 있어 이러한 배치관계가 저장물의 종류나 수확 시기의 차이에 의한 것인지는 좀 더 검토될 필요가 있다. 미사리유적의 고상창고는 A지구 고려대구간과 B지구 숭실대 가 · 나 구간에서 수혈주거지가 나타나지 않는 공간에 주로 배치되어 있다. 또한 고상창고는 수혈창고와도 어느 정도 중복양상을 보이며 나타나는 것으로 보아 미사리유적의 취락 내에서 주거공간과 저장공간은 서로 분리되어 운영되었던 것으로 볼 수 있다.

고상창고의 용도

고상창고의 기능은 계절용 주거, 창고, 경계용 망루, 제의 및 집회공간 등 다양하게 알려져 있다. 주거용으로 추정하는 것은 구조상 통풍이 잘되는 반면 겨울철 난방은 어려우므로 주로 여름철의 계절거주지로 사용하였다고 보는 것이다. 또, 고상구조의 특성상 각종 동물과 습기로부터 가장 안전한 시설인 만큼 무엇보다 곡물 저장에 매우 유리하다. 특히 고상가옥의 기둥 중간에 반서판(反鼠板)을 설치하면 쥐의 접근을 완전히 차단할 수 있기 때문에 저장관리에도 편리한 점이 많다.

한편, 수혈주거지와 고상건물이 혼재하는 취락에서는 고상건물을 계절주거용과 창고용으로 굳이 나누지 않았을 수도 있다. 고상건물에 수확한 곡식을 가득 채워 저장하다가 곡식을 거의 소비하게 되는 이듬해 여름에는 빈 창고를 여름용 계절주거로 활용할 수 있어 충분히 겸용이 가능하기 때문이다. 다만, 취락 내에서 수혈주거지와 고상창고가 분리되어 배치된 경우에는 창고기능으로만 사용하였을 것이다. 이밖에 경계용 망루, 집회 및 제의용 건물은 그 규모 및 주혈의 위치와 배치, 형태 등이 다른 만큼 용도를 구분할 수 있다.

■ 고상창고군 (하남 미사리)
한국고고환경연구소

… 주거지에 딸린 저장용기와 공간

원삼국시대의 여(呂) · 철(凸)자형 주거지 및 백제의 육각형 주거지 내부에서는 저장항아리와 이를 두었던 구덩이들이 많이 발견된다. 곡물을 비롯한 대부분의 음식재료들은 주로 외부의 저장창고에 저장했으므로 주거 내부에 설치한 저장시설은 대개 짧은 기간에 소비할 정도의 분량만 보관하였을 것이다. 그런 만큼 주거지 안에서는 일상적으로 먹었던 다양한 종류의 곡물과 음식재료들이 출토된다. 풍납토성 나-1호 주거지에서 출토된 대옹에는 탄화곡물이 들어있었다.

부뚜막 주변에서 취사용기뿐 아니라 저장용기가 출토되는 사례가 많다. 이는 조리할 음식재료를 부뚜막 근처에 배치하려는 의도로 이해할 수 있다. 저장용기는 평저인 경우 일반적으로 주거지 바닥에 세워놓지만 원저나 말각평저인 경우에는 짚 등으로 만든 또아리 위에 올려놓거나 바닥면 일부를 파내어 고정시키게 된다. 횡성 둔내 5호 주거지에서처럼 벽체를 따라 설치된 구덩이에 경질무문토기를 횡으로 뉘여놓고 저장한 사례도 있다. 횡으로 눕혀진 동체의 상면에는 구멍이 뚫려있으며 그 위로 토기 편을 올려놓고 뚜껑으로 사용하였다. 구연부는 목제판 등으로 막아 고정한 뒤에 내용물을 횡치상태에서 넣거나 꺼냈을 것으로 보이는데, 이는 동체가 손상된 토기를 저장용으로 재활용하기 위한 것으로 추정된다. 이와 유사한 형태로서 동해 송정동 Ⅱ-3호 주거지 내부의 방형수혈에 저부가 파손된 경질무문토기 2점이 도치되어 매납되었는데, 이중 소형용기에는 토기뚜껑이 덮여있었다. 그리고 저장용기의 내부에서 돼지 1개체가 출토된 것을 보면, 방형수혈은 저장 공간이며 토기는 저장용으로 사용되었음이 분명하다.

남양주 장현리 71호 주거지, 원주 반곡동 17호, 9호주거지 등 여러 유적에서는 내부 벽체를 따라 여러 점의 경질무문토기를 매납하고 그 위에 판석 등으로 뚜껑을 덮어서 저장용기로 사용하였다. 이에 반해 동해 송정동 Ⅱ-6호 주거지를 비롯한 대다수의 유적에서는 동일한 저장방식이지만 뚜껑이 보이지 않는 것으로 보아 아마 나무뚜껑을 덮어 사용하였으나 부식되어 없어진 듯하다. 이처럼 주거지 내부에 여러 개의 저장용기를 한 곳에 모아두는 것은 유사한 성격의 저장물을 동시에 관리하기 쉽도록 한 것과 외부의 동물로부터 저장물을 보호하기 위해서였다. 다만 이것이 일반적인 방식은 아니어서 사례는 많지 않다.

■ 원주 반곡동 6호 주거지 출토 토기

■ 원주 반곡동 17호 주거지
한강문화재연구원

1-6. 주거공간의 저장 항아리들

음식재료 저장용 항아리는 대부분 중 · 소형이었으며 크기와 용량에서 대체로 일정한 비율을 보인다. 저장용 항아리의 크기와 형태가 이렇게 다양한 것은 저장되었던 내용물의 차이 때문이다. 쌀이나 조 같은 곡물을 담는 용도에는 1m 내외의 대옹이 사용되었지만 대부분은 50cm 내외의 항아리[壺]나 독[甕]을 사용하였다. 이밖에 장(醬), 장아찌, 젓갈과 같은 저장식품을 저장하는 용기로는 30cm 안팎의 중형 항아리, 소금이나 산초 등의 조미료, 향신료를 저장하는 용기는 20cm 안팎의 소형토기를 사용하였다.

저장용 항아리는 반드시 어떤 한가지 기종에 한정하지 않고 필요에 따라 다양한 기종을 편의대로 사용하였다. 군산 관원리 11호 주거지의 계란모양토기[長卵形土器] 내부에 포개져서 깊은바리[深鉢形土器]가 출토되었는데 그 안에서 삼, 팥, 쌀 등의 탄화곡물이 출토되었다. 이처럼 계란모양토기나 깊은바리 같은 취사용기는 물론 심지어 깨어진 토기편에 이르기까지 다양한 기종의 여분 토기를 저장용기로 활용한 경우도 흔히 볼 수 있다. 따라서 주거지나 저장창고에서 출토되는 토기에 비록 음식물이 남아있지 않더라도 저장용기로 이용했을 가능성이 있으므로 내부토양에 대한 주의와 시료분석이 필요하다.

백제 한성기에는 이전 시기에 비해 주거지 안팎에서 큰독[大甕]이나 큰항아리[大壺]처럼 덩치 큰 토기들이 많이 출토된다. 풍납토성을 비롯해 포천 자작리, 파주 주월리 등에서 출토된 대형 항아리들은 대체로 주거지 안에 곡식을 저장하던 용도였을 것이다. 하지만 농경활동을 통해 얻어지는 농작물은 수확 시기가 주로 일정 기간에 집중되는 만큼 1년 내내 두고 먹을 만큼의 식량을 모두 집 안에 저장하기는 어려웠을 것이다. 따라서 농경수확물의 상상량은 수혈창고나 고상창고에 따로 저장하고 주거지 내에는 일정 기간에 소비할 만큼만 보관하였을 가능성이 높다. 주거지 안에서 발견되는 50cm 내외의 중형 크기 항아리가 바로 오늘날의 쌀독과 같은 기능을 하기에 적당하였을 것이다.

원삼국시대~삼국시대에는 이전의 공동취사 방식에서 이제는 각각의 주거지마다 부뚜막을 이용한 개별취사 형태로 전환되었다. 따라서 개별 주거마다 음용수와 각종 생활용수는 물론 취사와 세척에 필요한 식수용 물의 수요가 월등히 많아졌다. 이처럼 주거지 내에서 쓰이게 되는 물의 양이 늘어난 만큼 이를 담아놓을 항아리의 크기가 더 커지거나 수량이 많아졌다. 주거지 내에서 출토되는 대형 항아리는 급격히 수요가 늘어난 물을 저장하는 데 쓰였을 개연성이 높다. 이러한 상황은 화천 원천리, 포천 자작리, 파주 주월리, 남양주 장현리주거지의 대형 항아리들이 부뚜막 근처에서 출토되는 점을 통해서도 엿볼 수 있다.

배부른 항아리 長胴壺 (풍납토성 경당지구 196호)

1-7. 주거지부속 저장시설

주거지 바깥의 주위 2m 안팎 거리에 저장용 항아리나 깊이 1m 내외의 작은 저장 움을 만들어 간단히 저장 · 관리하는 시설이다. 남양주 장현리유적에서 주거지 주위로 작은 움들이 갖추어져 나타났는데 이것은 주거지에 딸린 저장시설인 듯하다. 그리고 27호 주거지는 소형의 철(凸)자형으로서, 내부에서 별다른 시설 없이 큰독을 비롯한 저장용기들만 주로 출토되어 주거가 아닌 창고로 쓰였다는 사실을 알 수 있다. 이처럼 주거지 주위에 딸린 소형 움이나 주거지 형태의 저장시설은 취락 내에서 주거와 저장 공간이 분리되어 있거나, 간단한 저장물을 수시로 이용하기 편리한 점 때문에 설치된 것이다.

육류는 부패가 빠르게 진행되기 때문에 소비지에서 가까운 곳에 저장할 필요가 있다. 춘천 신북유적의 오각형 수혈 주위에 배치된 소형 수혈군 내부의 경질무문토기에서 돼지의 하악골이 출토되었다. 동해 송정동유적의 Ⅱ-3호 주거지에 인접한 Ⅱ-3호 수혈 안에서는 돼지와 고래의 뼈가 출토되었다. 이들 사례의 동물뼈는 폐기나 의례행위의 결과일 수 있으나, 당시의 동물성 음식물을 저장하던 한 형태로도 이해할 수 있다.

■ 고래뼈 鯨骨 (동해 송정동)
강원고고문화연구원

1-8. 주거지부속 저장 항아리

횡성 읍하리, 연천 강내리, 원주 반곡동, 남양주 장현리, 포천 영송리 등의 취락에서 주거지 주위에 경질무문토기를 비롯하여 타날문 짧은목 항아리나 깊은바리를 원형 또는 일렬로 땅에 묻고 그 위에 편평한 강돌을 덮어 놓은 사례가 종종 발견되었다. 내용물에 대해 분석한 사례는 많지 않으나 장기 저장이 가능한 장(醬)류, 장아찌, 젓갈과 같은 음식재료가 담겼을 가능성이 높다.

주거지 주위에 이처럼 열을 지어 여러 개의 토기를 모아서 매납하는 것은 마치 근대의 장독대에 저장용 항아리를 모아놓고 한꺼번에 일괄 관리하는 방식을 연상케 한다. 또, 땅속에 저장용기를 묻어서 저장하는 방식은 근대에 김장독을 땅에 묻어서 저장한 것처럼 일정한 온도를 유지시켜서 음식을 장기보관하려는 의도로 여겨진다.

그러나 백제 한성기에는 점차 주거지 주위에 저장용기를 하나씩 묻어서 관리하는 방식보다 커다란 구덩이를 파고서 그 안에 저장용기를 넣고 보관하는 방식을 선호한 것으로 보인다. 저장용기 또한 대부분 항아리나 독으로 바뀌게 되며 크기 또한 이전에 비해 더 커진다. 그런데 뚜껑이 잘 발견되지 않는 것으로 보아 구연에 손상을 주는 돌보다는 나무판을 이용했을 개연성이 높다. 이처럼 수혈창고에 저장용기를 두고 저장하는 방식은 몽촌토성을 비롯해 하남 미사리, 화성 석우리 먹실, 이천 설성산성 등 여러 유적에서 확인된다.

2 둥근밑항아리 圓底壺 (원주 반곡동)
한강문화재연구원

3 ■ 저장용 토기와 돌뚜껑 (동해 송정동)
국립춘천박물관

대형 유약바른 도기항아리는 어디에 썼나?

왕실전용의 음식물 재료창고로 추정되는 풍납토성 경당지구 196호 유구에서 모두 74점의 저장용기가 출토되었다. 이처럼 하나의 저장시설 내에서 수십여 점에 달하는 저장용기가 출토된 사례는 매우 드문 일이다. 더욱이 그중에는 백제의 큰독 22점과 함께 중국에서 수입한 대형 유약바른 도기항아리도 33점이나 있었다.

그릇 내부의 토양을 분석한 결과 주로 서쪽에 놓여있던 유약바른 도기항아리와 백제토기에서는 참돔과 복어의 뼈가 발견되었다. 육상동물의 뼈는 전혀 발견되지 않았다. 그러므로 경당지구 196호 유구는 주로 어류와 채소류를 이용한 음식재료를 저장하던 창고였을 개연성이 높다. 아마 여기에는 참돔과 복어 뿐 아니라 여러 어종을 이용하여 어장(魚醬), 어해(魚醢), 어초(魚酢) 등을 만들어 저장했을 것이다. 저장용기의 용량이나 수량으로 볼 때 단기보다는 비교적 장기보관했을 가능성이 높다.

한편, 중국의 남조에서 제작되어 백제로 수입된 유약바른 도기항아리(施釉陶器)에서는 어류의 젓갈형태로 추정되는 유체가 출토되었다. 하지만 중국 남방지역에서는 어류젓갈을 담아먹는 문화가 전혀 없었다는 견해도 있다. 그렇다면 유약바른 도기항아리를 수입한 뒤 젓갈 등을 담는 용도로 전용했을 가능성도 있다. 풍납토성 출토 도기항아리 뿐 아니라 동진(東晋)과 남조(南朝)의 대형 유약바른 도기항아리(瓮)는 원래 각종 술을 담는 용기이며, 술이 쉽게 휘발하고 기벽에 스며들게 되므로 안팎의 벽면에 모두 유약을 입혔다고 한다. 게다가 이 유약바른 도기항아리를 제작한 중국 남조의 도읍인 건강성(建康城)은 맛있는 술로 유명했던 만큼 여기에 백제왕실과 귀족층이 좋아하는 술을 담아서 백제로 들여왔다는 것이다. 이러한 견해에 따르면 유약바른 도기항아리의 제작 시기는 동진 중후기에서 남조 초기까지, 그러니까 4세기 후반부터 5세기 중후기까지에 해당되며 주로 절강성의 덕청요에서 제작되었을 것이라고 한다. 물론 유약바른 도기항아리는 술 단지 외에도 중국의 다양한 물품을 수입하는 데 유용했을 것이다. 당시 왕실과 귀족층에서 널리 유행하였던 떡차(餠茶)나 희귀한 중국 약재 등을 담아왔을 가능성도 있다.

유약바른 도기항아리처럼 대형 저장용기는 수입된 이후 이내 폐기되거나 부장품으로 쓰이지 않고 대부분 저장용기로 재활용되는 만큼 전세기간이 비교적 긴 편이다. 따라서 수입될 당시 연대 뿐 아니라 이후에 이 항아리를 어떤 용도로 얼마나 사용했는지를 밝히는 것 역시 중요하다. 풍납토성 경당지구 196호 유구는 그 성격상 왕실의 저장창고일 가능성이 높은 데다 내용분석 결과 어류를 이용한 젓갈 등의 음식재료를 저장하였다고 볼 수 있다. 결국 유약바른 도기항아리는 수입된 뒤 본래의 저장물이 아닌 새로운 내용물들을 저장하는 데 지속적으로 사용된 것이다.

4 ▪ 유약바른 도기항아리 施釉陶器 (풍납토성 경당지구 196호)

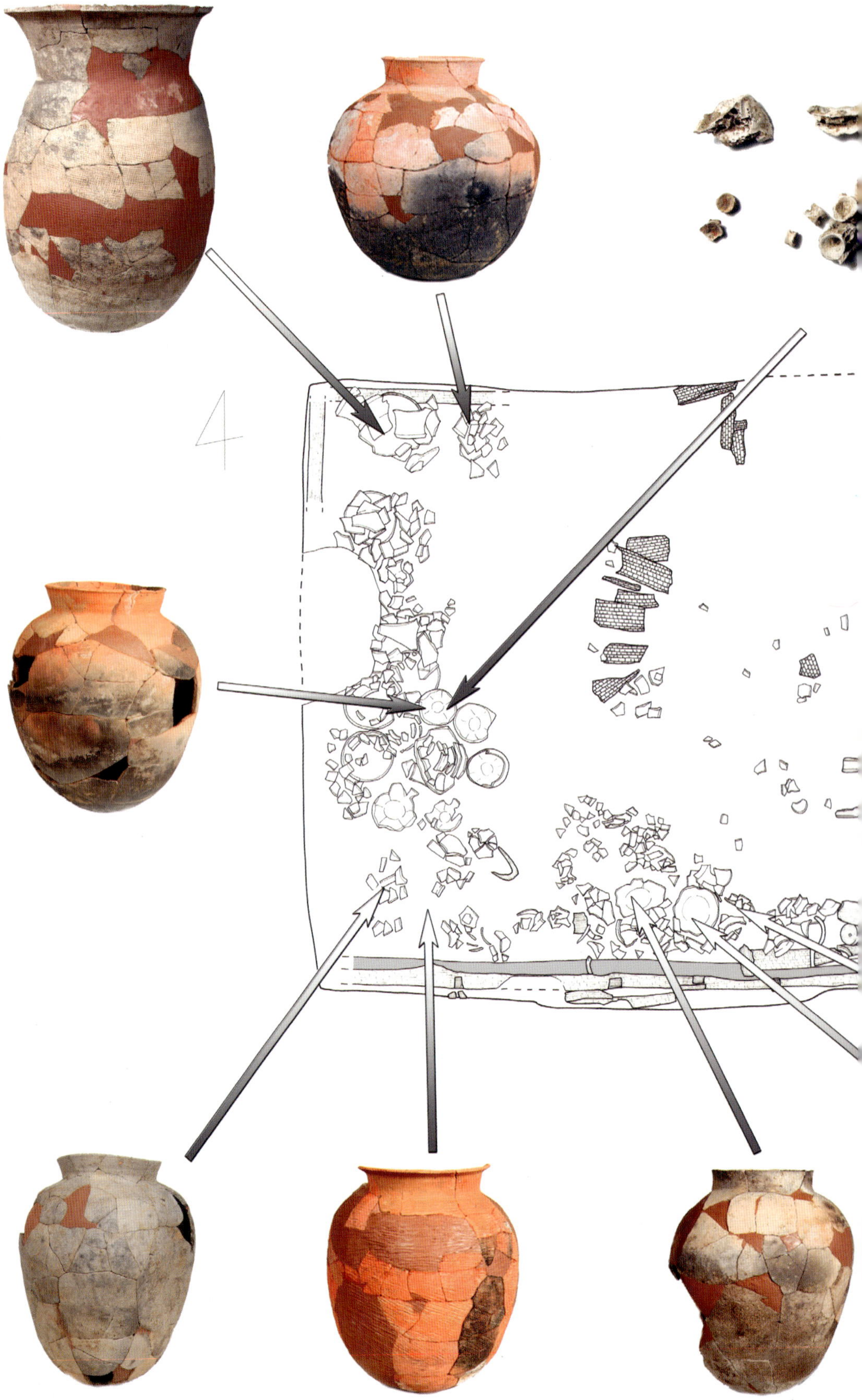

■ 풍납토성 경당지구 196호

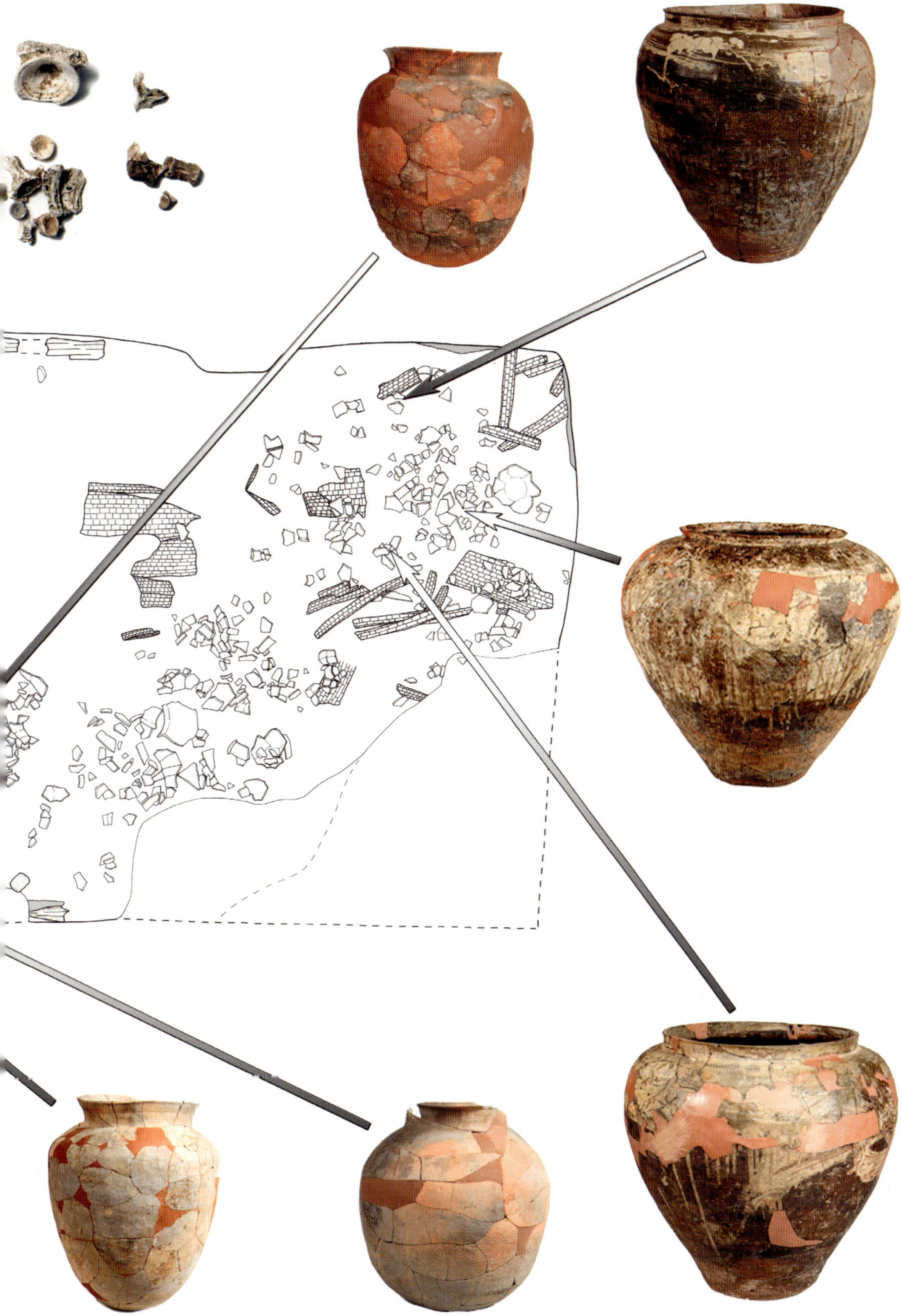

2. 백제사람들의 음식재료

백제 한성기의 주거지를 비롯해 각종 창고와 저장항아리, 우물 등 여러 곳에서 다양한 음식재료들이 출토되었는데 대체로 오늘날과 큰 차이를 보이지 않는다. 그동안 한반도의 자연환경 변화가 크지 않았던 만큼 고대와 근현대의 식재료 유사성은 어쩌면 당연한 일일 수 있다. 다만, 고고학 자료 가운데 식물성 음식재료는 주로 과일의 핵과만 남는 만큼 고대에 재배되었던 채소에 대한 정보를 밝히기가 매우 어렵다. 즉, 동물성 음식재료는 주로 자생종이 그대로 유지되는 데 비해 식물성 재료는 지속적으로 수입되므로 오늘날의 채소와 큰 차이가 있는 것이다.

백제의 음식문화 및 음식재료와 관련해서는 북위(北魏, 386~534)의 가사협(賈思勰)이 6세기 전반경에 저술한 『제민요술(齊民要術)』 등을 참고할 수 있다. 물론 『제민요술』은 중국을 기준으로 설명한 것이므로 그것을 그대로 백제의 식재료와 음식문화에 대입할 수는 없지만, 백제사람들의 중국에 대한 관심이 유독 높았던 데다 백제 지배층에는 중국계 백제인도 상당수 포함되었으므로 충분히 참고할 수 있다. 가령, 최근 출토사례가 늘어나고 있는 계수호와 절구 등은 백제에서 차문화가 유행했다는 뜻으로 해석되기도 하는데, 이는 차 관련 도구와 재료는 물론 문화까지 중국으로부터 일괄 수입했음을 의미한다.

2-1. 채소와 과일

백제 한성기의 밭이 하남 미사리, 화성 석우리 먹실, 의정부 민락동, 파주 운정지구 등에서, 논은 화성 석우리 먹실과 송산리유적, 오산 가수동 등에서 발견되었다.

백제 밭에서 무엇을 경작했는지는 분명치 않다. 다만, 그동안 수혈창고 등에서 출토된 음식재료를 통해 조, 수수, 보리, 귀리, 피 등의 주식 작물을 유추할 수 있다. 이들 작물은 아마도 이삭 채 수확하여 수혈창고 등에 저장하였을 것이다. 콩, 팥, 녹두 등의 작물과 감, 복숭아, 살구, 매실, 박 등의 과실류도 확인되었다. 부여 관북리의 목곽창고에서는 주로 과일 씨앗이 출토되었는데, 식재료를 종류별로 따로 보관했음을 시사한다.

5 ■ 복숭아씨 桃核 (강릉 강문동)
강릉원주대학교박물관

6 조 粟 (강릉 강문동)
강릉원주대학교박물관

7 굽다리접시에 담긴 감 高杯/柿 (창원 다호리)
국립중앙박물관

과실 중에는 가래, 개암, 밤, 도토리, 잣 등의 견과류가 적지 않다. 이들은 상대적으로 저습지 등의 자연유적에서 출토되는 경우가 많은데, 농원형태의 재배보다는 자연 상태의 과수를 직접 관리하는 방식이었기 때문인 듯하다. 견과류 가운데 대표적인 구황작물인 도토리는 이제 더 이상 갈돌이 출토되지 않아, 음식재료의 비중에서 의존도가 낮아진 탓인지 아니면 가공방법이 바뀐 것인지 별도의 해석이 필요하다.

발굴현장에서 유기물로 잔존하는 식물유체 가운데 가장 남기 어려운 것이 채소류이다. 그래서인지 백제 한성기에는 물론 전시기를 통해 채소류의 유체나 씨앗이 밝혀진 사례는 많지 않다. 과실이나 견과류에 비해 딱딱한 부분이 적은 만큼 쉽사리 썩어 없어지기 때문이다. 가령, 마(麻)의 경우, 아직 유적에서 출토된 사례는 아직 없지만 『삼국유사』에 기록된 무왕(武王)의 서동요(薯童謠) 설화를 통해 백제사람들이 마를 자주 먹었음을 알 수 있다. 다만, 당시의 마가 재배종인지 아니면 주로 산에서 자생하던 것을 캔 것인지는 분명치 않다.

이밖에 미나리과에 속하는 고수의 씨앗이 사비기의 부여 관북리 목곽창고 1호와 2호에서 출토되었다. 고수는 주로 약재와 향료채소로 쓰이므로, 백제 때의 향신료 중 하나로 볼 수 있다. 또, 천마총에서 산초가 출토된 사례에 비추어 볼 때, 백제에서도 산초를 향신료로 사용했을 가능성이 높다.

8 ▪ 밤 栗 (창원 다호리)
국립중앙박물관

2-2. 가축과 사냥동물

백제 사람들이 먹었던 동물성 음식재료 역시 매우 다양하여 가축으로 사육되었던 말, 소, 돼지, 개 등의 유체가 많이 출토되었다. 닭이나 오리 등의 가금류는 출토사례가 적은 편이다.

개는 강릉 강문동, 아산 갈매리, 나주 복암리 등에서 유체가 출토되었다. 해체흔 등을 통해 식용으로 볼만한 것도 있으나 매장사례도 적지 않은 만큼 주요한 동물성 음식재료로 이용되지는 않은 것으로 보인다.

돼지는 강릉 강문동, 춘천 신북, 동해 송정동, 아산 갈매리, 부여 구아리 등 많은 유적에서 뼈가 출토되었다. 특히 춘천 신북에서는 저장용기에 하악골이 담겨있었으며, 동해 송정동에서는 저장용기에서 1개체분이 출토되어 식용으로 많이 이용되었음을 알 수 있다. 그동안 고고학 자료에서는 통일신라시대 이전까지는 모두 멧돼지만 확인되었으므로 고대에 돼지의 가축화가 이루어지지 않은 것으로 알려져왔다. 그러나 최근 멧돼지의 뼈 계측과 안정동위원소분석 등을 바탕으로 사천 방지리유적에서 B.C. 5세기경에 이미 돼지 사육이 이루어졌음이 밝혀졌다. 또, 창원 신방리유적은 돼지를 기르던 가축우리일 가능성까지 검토되는 등 점차 다양한 연구결과가 제시되었다. 다만, 돼지 사육이 일찍부터 시작되었다 하더라도 야생 멧돼지의 유체도 함께 확인되는 만큼 사육과 함께 수렵이 병행되었다고 보아야 한다. 따라서 야생동물이 백제시대에도 여전히 동물성 단백질을 얻는 중요한 재료였다는 사실을 알 수 있다. 한성기의 왕도인 풍납토성에서도 멧돼지의 유체가 출토된 사실은 이러한 정황을 잘 보여준다.

9 ■ 멧돼지 치아 山猪 齒牙 (풍납토성 경당지구 9호)
한신대학교박물관

소는 강릉 강문동, 아산 갈매리, 나주 복암리, 영암 자라봉, 부여 구아리·쌍북리 등 다수의 유적에서 출토되었다. 소가 농경과 함께 주요한 식재료로도 쓰였기 때문일 것이다. 특히 풍납토성에서는 제의와 관련된 시설일 경당지구 9호 유구, 101호 유구에서 다량의 유체가 출토되어 당시 소가 제의용과 식용으로서도 매우 긴요하게 쓰였음을 알 수 있다.

말은 백제 뿐 아니라 삼국시대를 전후하여 가장 넓은 지역에서 출토되는 동물성 식료이다. 백제에서는 풍납토성 101호와 109호 유구를 비롯하여, 복암리 1 · 2 · 3호분, 영암 자라봉고분, 군산 산월리 2 · 3호분 등 여러 유적에서 출토되었다. 이들 말의 유체에는 대개 도살흔이 남아있어 제의용이나 식용이었을 가능성이 높다. 특히 식용으로 쓰인 말들은 기승용도가 끝난 늙은 말이 아닌가 생각된다.

닭이나 오리 등의 가금류는 풍납토성 101호 유구에서 닭이 출토된 것을 제외하면 그 사례가 많지 않다. 오히려 인접국가인 신라에서 출토사례가 많은 편이다. 상주 병성동 · 헌신동고분군 16호 석곽의 고배에는 닭 한 개체분이 담겨있었다. 고배의 크기 때문인지 머리, 날개, 다리 등은 미리 분리시키고 몸통만 조리해 넣은 상태였다. 황남대총 남분의 봉분 내에 매납된 제의용 토기 안에서는 닭, 꿩, 오리의 뼈가 모두 조각난 채 출토되었다. 모두 음식으로 조리하는 과정에 잘라낸 듯하다. 또, 천마총에서는 다량의 계란 껍질이 출토되었다. 가축으로 닭을 기르면서 계란까지 식용한 정황을 보여주는 사례이다.

한편, 풍납토성에서는 야생동물인 노루뿐 아니라 대형 식육류에 속하는 곰의 유체도 출토되었다. 그리고 몽촌토성 저장공에서 소, 말, 개, 사슴 뼈가 출토되기도 하였다. 이밖에 부여 능산리사지에서 출토된 금동대향로에 호랑이, 멧돼지, 원숭이, 황새 등 27마리의 동물이 연꽃잎 사이에서 낚시하는 사람, 말을 타고 사냥하는 모습 등과 함께 새겨져 있다. 이러한 사례로 볼 때 백제 사람들은 가축으로 사육하는 동물 외에 다양한 야생동물도 수렵하여 식용하였음을 알 수가 있다.

■ 말 뼈 馬骨 (풍납토성 경당지구 9호)
한신대학교박물관

10 ■ 동물뼈 動物骨 (몽촌토성)
서울대학교박물관

2-3. 바다와 강의 음식재료

백제는 서해안과 한강이라는 주요한 수산자원망을 끼고 있어 어업이 발전한 것으로 알려진다. 왕도를 금강유역으로 옮긴 웅진 · 사비에도 어류를 이용한 동물성 음식재료를 많이 이용하였다. 이러한 사실은 그물추, 낚시바늘, 어류유체 등을 통해 알 수 있다.

그물을 이용해 물고기를 잡는 방식은 인류가 오랫동안 사용해온 어로기법이다. 백제에는 서해를 비롯하여 한강, 임진강, 안성천, 금강 등의 큰 강이 많았던 만큼 어류를 주요한 단백질 공급원으로서 삼기 쉬웠을 것이다. 이는 왕도인 풍납토성이나 몽촌토성에서 다양한 해수 및 담수 어패류의 유체가 출토된다는 사실을 통해서도 잘 알 수 있다.

풍납토성에서는 서해안의 해수어류로서 상어, 청어, 농어, 전갱이, 준치, 도미, 복어, 조기 등의 다양한 어종 유체가 출토되었다. 또한 백제 한성기의 내륙지역인 원주 법천리 4호분에서 조기, 상어, 준치, 민어 등의 해수어종이 출토되었는데 제의에 이용된 듯하다. 백제는 일본 · 중국과의 해양교류가 무척 활발했던 만큼 배를 이용한 근해어업이 매우 성행하였을 것이다.

11 명주조개 改良貝 (몽촌토성)
서울대학교박물관

무령왕릉의 제대 위에 놓인 청동접시에는 금강에서 잡은 듯한 은어뼈 3개체분이 담겨있었다. 담수어류도 무척 중요하게 여겼음을 알려주는 사례이다. 풍납토성 가-47호 수혈에서는 38점의 어망추가 일괄로 출토되었는데, 그물 1개체를 그대로 보관하였던 것으로 추정된다. 그물은 풍납토성에서 출토된 잉어와 붕어 등의 담수어류를 잡는 데 쓰였을 것이다. 대형 그물추는 몽촌토성에서도 출토되었다. 당시 한강에서 다양한 그물어업이 이루어졌음을 보여준다. 가평 대성리유적 등에서는 낚시바늘이 출토되었는데, 백제금동대향로에도 낚시하는 인물이 부조로 새겨져 있어 선사시대부터 이어온 조침어업(釣針漁業)이 백제에서도 성행하였음을 보여준다.

백제에서 담수어류의 식용이 일상적이었다는 사실을 알려주는 또 하나의 사례가 익산 왕궁리유적의 화장실에서 출토된 간흡충(肝吸蟲)과 감별이 불분명한 기생흡충류(寄生吸蟲類)의 알이다. 이것은 주로 담수어류를 생식할 때 감염되는 기생충인 만큼 당시에도 담수어류를 날 것으로 먹었다는 사실을 알려준다.

한편, 여름철에는 서해안에서 잡은 해수어패류를 백제왕도 한성까지 운송하는 도중 변질되는 경우도 있었을 것이다. 따라서 더운 여름철에는 물고기 등을 말려서 옮기거나 소금에 절이는 방법, 젓갈을 만들어 장기 보존하는 방법 등을 쓰지 않을 수 없는데, 풍납토성에서 확인된 젓갈 흔적도 그에 해당할 것이다.

12 ■ 동제접시 銅製碟 (공주 무령왕릉)
국립공주박물관

13 고둥 巻貝 (강릉 강문동)
강릉원주대학교박물관

14 고래늑골 鯨肋 (강릉 강문동)
강릉원주대학교박물관

15 금동대향로 - 낚시하는 선인
(부여 능산리)

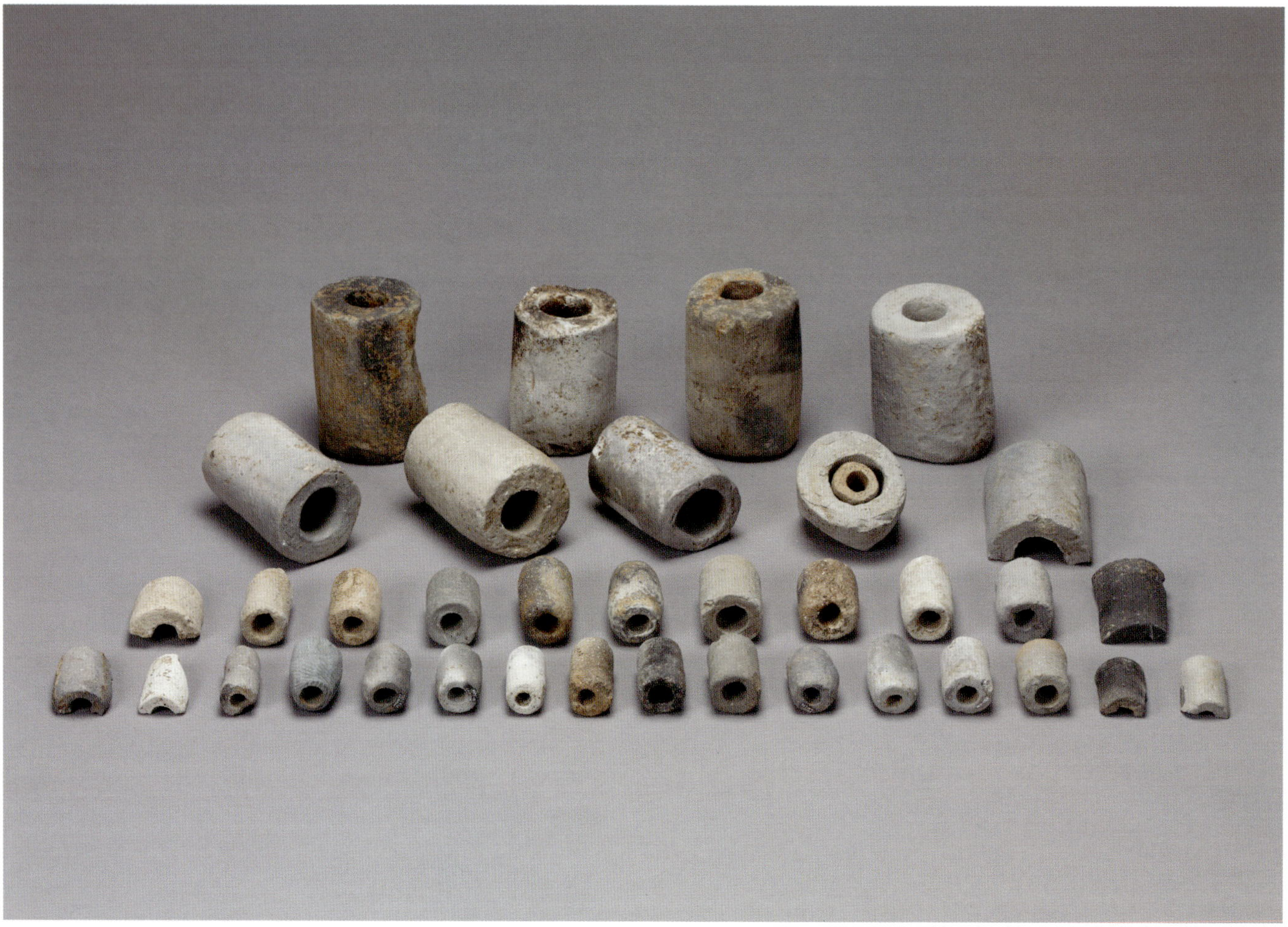

16 어망추 (풍납토성 가-47호)

과연 백제 사람들은 복어를 먹었을까?

풍납토성 경당지구 196호 유구의 유약바른 도기항아리에서 출토된 어류 중에는 복어유체가 포함되어 있었다. 군산 노래섬의 신석기시대 패총에서 출토된 어류유체 가운데 복어의 개체수가 가장 많았다는 사실에 비추어보면 한반도 서해안일대에서는 일찍부터 복어를 섭취했을 개연성이 높다. 복어는 테트로도톡신(tetrodotoxin)이라는 독성분이 혈액과 난소, 간장 등에 분포하는 맹독성 어류이므로 잘못 먹으면 사람이 죽기도 한다. 그럼에도 불구하고 복어를 식용하는 문화가 서해안 일대에서 신석기시대 이래 백제시기까지 나타나고 있다는 사실은 무척 흥미로운 일이다. 지금도 서해안지역과 일본의 일부지역에서는 복어알젓을 만들어 먹는다고 한다.

한편, 복어 유체는 신라와 가야의 패총이나 무덤에서도 출토되었다. 다른 지역에서도 복어를 보편적으로 먹었다는 뜻이다.

17 ■ 생선뼈 (풍납토성 경당지구 9호)
한신대학교박물관

3. 우물과 물의 저장

물은 음식 조리에서 절대 빼놓을 수 없는 요소이다. 다만, 물은 유동적인 재료인 까닭에 모으고 저장하기 위한 기술과 시설이 반드시 필요하다. 이와 관련하여 곡부사면에 흐르는 물을 이용해 만든 저수시설이 오산 가수동, 용인 흥덕동 등지에서 조사되었다. 오산 가수동유적에서는 여러 곳에 저수시설을 배치하였으며 각 저수시설에는 호안의 유실방지와 물길을 유도하기 위해 목재로 시설을 만들어 깨끗한 물을 안정적으로 얻으려 했음을 알 수 있다.

풍납토성에서는 크고 작은 토관들이 다수 발견되어 백제가 일찍부터 수로시설에 공들였음을 알려준다. 사비기의 부여 관북리에서 조사된 상수도시설에는 목곽으로 짠 수조와 기와를 잇대어 만든 와열수로(瓦列水路)가 서로 연결되어 있었다.

■ 토관 土管 (풍납토성 가-26호)

18

■ 목곽수조木槨水槽와 기와수로窯水路 (부여 관북리)
국립부여문화재연구소

3-1. 백제우물

선사시대의 공동취사에서는 개별 주거마다 물을 저장할 필요성이 많지 않았던 만큼 우물의 중요성은 그리 크지 않았다. 그래서 청동기시대와 초기철기시대의 취락 안에 우물이 설치된 사례는 찾기 어렵다. 그러나 삼국시대에 접어들면서 주거지 내부에 부뚜막이 설치됨에 따라 개별취사가 이루어지게 되었다. 그러므로 주거지 내부에 물을 저장해야 할 필요성이 많아졌으며, 이로 말미암아 자연스럽게 우물을 설치하게 된 것이다.

■ 풍납토성 경당지구 206호 우물 출토 토기들
한신대학교박물관

삼국시대의 우물 모습은 고구려의 안악 3호분 벽화 그림을 통해 알 수 있는데, 근대의 우물풍경과 비교해도 크게 다르지 않다. 백제 한성도읍기의 우물은 풍납토성 바깥의 대진 · 동산연립부지와 풍납토성 내부의 경당지구 등지에서 조사되었다. 풍납토성 바깥의 우물은 해자 인근에 만든 목조우물이었으며, 성 내부의 우물(경당지구 206호)은 맨아래 4단 정도를 나무틀로 짜고 그 위는 돌을 쌓아 만든 석조우물이었다. 아산 갈매리, 광주 월전동 오산 가수동 등지의 우물은 나무를 결구한 목조우물이며, 부여 구아리와 관북리 1호는 하단의 기초를 나무로 짜고 그 위에 돌을 쌓아 올린 석조우물이다. 이밖에 익산 왕궁리에서는 대형 토관을 이용한 토기우물이 발견되었다.

풍납토성 바깥에 나무로 귀틀을 짜서 만든 목조우물은 비교적 잔존형태가 뚜렷하여 축조방법과 구조를 이해하는 데 많은 도움을 준다. 우물바닥에서는 패각류와 복숭아 씨 등의 음식재료와 새끼줄이 부착된 토기, 목제 두레박, 갈고리 등 우물 관련 도구들이 많이 출토되었다.

풍납토성 내부에서 발견된 경당지구 206호 석조우물은 왕실에서 사용한 어정(御井)일 가능성이 매우 높다. 이 우물 속에서 215점이나 되는 백제의 중앙 · 지방산 토기들이 채워진 채 발견되었는데, 이는 왕실의 의례와 관련된 의도적인 배치로 보인다. 우물과 관련한 제의행위는 신라의 나정(羅井)이나 일본 오사카의 이케가미소네[池上增根] 우물 등에서 나타나고 있어 주요한 의식행위가 이루어지던 곳임을 알 수 있다.

■ 우물 (풍납토성 경당지구 206호)

3-2. 두레박

백제의 두레박은 풍납토성의 목조우물에서 출토된 목제와 토제의 두가지 형태가 알려져 있다. 토제 두레박은 일반적인 토기 항아리에 새끼줄을 매달아 만든 것인데, 삼국시대의 유일한 사례이다. 삼국시대의 가장 일반적인 두레박 형태는 주로 통나무를 잘라낸 뒤 가운데 부분을 파내어 만든 것이다.

목제 두레박은 가로로 긴 형태의 반쪽만 출토되었다. 측면 중앙부에 장방형으로 구멍이 뚫려있어서 구멍에 두레박을 횡으로 가로지르는 막대기[棒]를 끼웠을 것으로 추정된다. 막대기 중간에는 다시 직립하는 막대기가 교차하듯 설치되었을 것이다.

19 ■ 두레박 토기 (풍납토성 대진 · 동산연립주택부지 우물)

20 두레박 罐 (부산 고촌)
부산박물관

3-3. 물바가지

나무의 속을 파내거나 박을 잘라서 물이나 곡식 등을 퍼내고 담을 수 있도록 만든 일상 생활도구이다. 이미 선사시대부터 박과 박씨가 출토되는 것으로 보아 일찍부터 바가지로 쓰였던 가능성이 높다. 이밖에 부여지역에서 출토되는 목기 중에 바가지로 추정되는 형태도 일부 있지만 분명한 것은 아니다. 다만, 함안 성산산성에서 박을 잘라 만든 것과 나무를 깎아서 만든 두 가지 형태의 바가지가 모두 나타나는 만큼 백제에서도 다양한 형태의 바가지를 사용하였을 것으로 본다.

21 ■ 바가지 瓢 (함안 성산산성)
국립가야문화재연구소

22 ■ 바가지 瓢 (함안 성산산성)
국립가야문화재연구소

02
음식조리와 밥짓기

점토띠식 화덕이 전통적인 조리시설이라면 부뚜막은 조리방식이 크게 달라진 조리시설이다. 조리방식이 변함에 따라 이전의 단순했던 경질무문토기와 비교하여 토기도 다양해져서 부뚜막이 있는 주거지에서는 조리용 토기로 깊은바리, 계란모양토기, 시루 등이 출토된다. 이들 토기는 점토띠식 화덕이 있는 주거지에서 출토되기도 하지만 본격적으로 빈도가 높아지는 것은 부뚜막과 함께이다. 물을 끓이는 계란모양토기가 부뚜막의 솥받침 위에 얹혀지고 그 위에 시루가 결합되는 형태가 부뚜막에서 볼 수 있는 조리의 전형적인 풍경이다. 이때 깊은바리는 부뚜막 입구에 세워 아궁이 내 잔불이나 땔감에서 나오는 열로 간단한 반찬, 국물음식 등을 조리하거나 남은 음식을 데웠을 것이다.

1. 곡식의 방아찧기

쌀, 조, 수수, 기장과 같은 곡물은 밥을 짓기 전에 껍질을 벗기는 도정과정부터 거쳐야 한다. 이를 위해 절구나 방아 같은 도구를 사용하게 된다. 최근 삼국시대의 곡물 도정과 관련한 유물이 점차 늘고 있어 백제의 음식문화를 이해하는데 많은 도움이 되고 있다.

1-1. 절구

벼, 조와 같은 곡물의 껍질을 벗겨내는 도정가공에 주로 쓰이는 도구이다. 곡물 도정에 이용하는 절구의 목제공이는 청동기시대부터 출토사례가 많은 반면, 백제 절구는 아직 발견되지 않았다. 대신 부산 고촌리 생산유적에서 출토된 삼국시대의 절구와 공이를 통해서나마 당시의 절구형태를 살펴볼 수 있다. 고촌리의 절구는 벌목한 통나무를 직각방향으로 절단한 뒤 가공한 것으로서, 내부는 자귀나 끌 등의 공구로 속을 파내었으며, 내외면은 끌이나 칼로 마감하였다. 이밖에 김해 관동리, 함안 성산산성 등에서도 절구통으로 추정되는 목제 통이 출토되었다.

절구공이는 긴 나무를 이용하여 손잡이가 되는 중간부분을 가늘게 깎아내고 양쪽의 끝부분은 둥글고 뭉뚝하게 깎아 만든다. 청동기시대부터 대구 매천동, 안동 저전동, 광주 신창동, 무안 양장리, 창원 신방리 등 여러 유적에서 출토되었다. 삼국시대의 부산 고촌리 절구공이는 청동기시대의 안동 저전리 절구공이에 비해 손잡이 부분에 장식적인 굴곡이 나타나지 않는 등 비교적 간결하고 실용적인 형태를 이루고 있다.

23 ■ 절구 杵 (부산 고촌)
부산박물관

24 ■ 절구와 절구공이杵 (부산 고촌)
부산박물관

1-2. 디딜방아

벼를 비롯한 여러 곡물의 껍질을 벗기거나 가루로 빻을 때 사용하는 디딜방아는 아직 백제에서 밝혀진 사례가 없다. 그러나 4세기대의 안악 3호분 벽화에 디딜방아를 사용하는 장면이 묘사되어 있어 고구려에서는 이미 일찍부터 사용하였음을 알 수 있다. 최근에 6세기대의 디딜방아가 아차산 3보루유적에서 조사되었는데, 방아확과 방아채를 걸었던 시설까지 있었다. 이를 통해 고구려에서는 디딜방아가 널리 사용되었다는 사실을 확인할 수 있다. 그러므로 백제에서도 한성도읍기에 이미 디딜방아를 사용했을 가능성이 충분하다. 한편, 2012년에는 울주군의 연자도에서 비교적 완전한 형태의 13세기대 고려의 방앗간이 조사되어 고대의 방앗간 형태를 유추하는 데 도움을 줄 수 있을 것으로 기대한다.

1-3. 맷돌

삼국시대 유적에서는 곡물을 가는 도구인 갈돌이 발견되지 않는다. 대신 작은 고석(敲石)만 출토될 뿐이다. 이제 예전처럼 더 이상 갈아서 만든 녹말이 필요 없을 정도로 농경생산물 중심으로 음식문화가 변화했기 때문이거나 곡물을 갈아내는 방식이 바뀌었기 때문일 것이다. 이 시기에 호남지역에서는 탄화밀의 출토 비율이 높은 만큼 곡물을 통째로 쪄먹거나 가루로 만들어 먹었을 가능성을 우선 생각해볼 수 있다. 그런데 고석으로는 제분작업이 불가능하므로 맷돌을 이용하는 방법을 추정해야 하는데 아직 삼국시대 맷돌이 출토된 사례가 없어 단정하기 어렵다.

동아시아에서 맷돌이 사용된 것은 중국의 전국시대(戰國時代)부터라고 한다. 이후 한(漢)나라 때의 화상석에도 맷돌을 사용하는 모습이 종종 나오는 것으로 보아 이때부터는 본격적으로 쓰인 것을 알 수 있다. 한반도에서는 낙랑(樂浪)의 토성리유적에서 중국식 맷돌이 출토되었다고 전한다. 맷돌이 널리 쓰인 것은 통일신라시대 이후로 알려져 있다.

일본의 역사서인 『일본서기』에는 다음과 같은 기록이 있다.

> 十八年春三月 高麗王貢上僧曇徵法定 曇徵知五經
> 且能作彩色及紙墨 并造碾磑 蓋造碾磑 始于是時歟
> (『日本書紀』推古紀18년)
>
> 610년 봄 3월에 고구려 영양왕이 승려 담징과 법정을 보냈다. 담징은 오경(五經)을 알았다.
> 또 그림을 잘 그리고 종이와 먹을 잘 만들었으며 아울러 맷돌을 만들었다.
> 아마도 맷돌을 만든 것은 이때부터일 것이다.

위의 기록은 7세기에 고구려의 맷돌문화가 일본에 전해지기 전에는 일본에 맷돌이 없었으며, 이는 백제에도 맷돌이 없었기 때문이라고 해석할 수 있게 한다. 그러나 『일본서기』에 기록된 연애(碾磑)가 작은 맷돌이 아니라 종이의 원료를 마치 펄프처럼 만들기 위해 잘게 부수는 데 사용한 도구로서 '연자방아'를 의미하는 것이라는 해석도 있다. 고구려의 연자방아는 안악 3호분 벽화나 아차산 홍련봉에서 조사된 유구를 통해 확인할 수 있다.

2. 조리도구

2-1. 도마

도마는 조두(俎豆)라는 이름으로 중국 역사서에 일찍부터 소개되었다. 다만, 『후한서』의 도마는 음식조리용 도마를 가리키기보다 밥상을 가리키는 말일 수 있다.

東夷夫餘 飮食類皆用俎豆 唯挹婁獨無 法俗最無綱紀者也.

(『後漢書』권85 東夷列傳 挹婁)

동이 부여에서는 음식을 먹을 때 모두 도마를 사용하는데,
오직 읍루만은 조두가 없으며 법속에 가장 기강이 없다.

도마는 음식을 조리할 때 식칼과 함께 필수적인 도구이지만 나무재질이므로 모두 부식되어 유물로 남은 경우는 거의 없다. 더욱이 나무판자를 도마로 사용하기도 하는 만큼 유적 내에서 탄화재로 잔존하여도 도마라고 인식하기 어렵다. 다행히 무안 양장리에서 백제 때의 도마가 1점 출토되었는데, 통나무를 잘라 상면(床面)과 다리를 일체형으로 제작한 형태이다. 양장리 도마의 상면에서는 도마의 주요 특징인 반복되는 미세한 칼자국이 명확하지 않다. 하지만 지속적으로 도마를 사용하면서 상면의 중간부분이 점차 오목하게 패이는 특징적 현상이 나타났으므로 도마로 분류한다. 아산 갈매리에서 출토된 도마도 역시 마찬가지이다. 이를 통해 현존하는 백제도마의 대략적인 형태를 이해할 수 있을 뿐만 아니라 오늘날의 도마형태와 큰 차이가 없다는 사실을 알 수 있다.

한편, 도마가 그려진 중국의 화상석이나 벽화를 보면 다리가 달린 것과 없는 것 두가지 형태가 모두 나온다. 백제에서도 두가지 형태가 모두 쓰였을 것이다. 아쉽게도 고구려 벽화에는 없지만 도마의 사용모습을 보여주는 사례가 한반도와 인접한 요령지역의 전연(前燕)시기 원태자묘(袁台子墓)에 남아있다. 원태자묘의 벽화인 선식도(膳食圖)에는 도마 위에 음식재료를 올려놓고 식칼로 자르는 모습이 잘 묘사되어 있어 마치 오늘날의 주방에서 사용하는 것과 같은 모습을 엿볼 수 있다.

■ 도마 세부 俎 (아산 갈매리)
한국고고환경연구소

25 도마 俎 (아산 갈매리)
한국고고환경연구소

2-2. 식칼〔刀子〕

식칼은 음식을 만들 때 가장 중요한 역할을 하는 도구이다. 앞에서 소개 한후한서의 도마관련 기록에 식칼 이야기는 나오지 않지만, 도마는 식칼을 전제한 조리도구라는 점에서 식칼의 존재를 유추할 수 있다. 식칼로도 사용한 손칼[刀子]은 초기철기시대에 등장한 이후 원삼국시대에 이르면 출토량이 급증한다. 손칼의 쓰임새는 다양하지만, 주거지의 부뚜막과 같은 취사공간 주변에서도 많이 출토되므로 식칼로 사용되었을 가능성이 높다.

손칼의 손잡이는 주로 나무를 이용하게 되므로 나무손잡이 부분은 기의 모두 사라지고 칼날부분[刃部]만 남은 채 출토되는 것이 보통이다. 다행히 저습지유적에서 출토되는 식칼 중에 나무 손잡이 부분이 잘 남아있는 사례가 있어 완전한 형태를 살펴볼 수가 있다. 패총유적에서 출토된 유물 중에는 사슴의 뿔이나 뼈로 만든 손잡이도 있어 손칼 손잡이를 나무 외에 다양한 재질도 만들었음을 알 수 있다.

백제를 비롯한 삼국시대의 손칼은 손잡이의 재질과 상관없이 대체로 형태상 큰 차이가 없다. 오늘날 우리가 사용하는 식칼에 비해 칼날의 폭이 좁고 길지 않아 마치 과일을 깎는 과도에 가깝다. 이는 당시의 조리재료나 방법이 지금처럼 풍부하거나 다양하지 않았음을 반영한다. 식칼은 고려 · 조선시대를 지나면서 오늘날과 비슷한 형태로 변하게 된다.

한편, 원삼국시대 이래 식칼 사용이 급증하게 된 것은 음식문화의 변화와 관련이 깊다. 가장 관련이 깊은 것은 아마도 주식과 부식의 분리일 것이다. 고구려의 벽화무덤 중 무용총에는 시종이 손칼로 귀족주인의 식사 시중을 드는 장면이 있다. 마치 지금의 서양식사에서 손칼을 쓰듯 고구려에서도 육류에 손칼을 사용했을 가능성이 엿보이는 장면이다.

26 식칼 刀子 (창원 다호리)
국립중앙박물관

27 손칼 刀子 (풍납토성)

2-3. 물 항아리

물은 음식을 조리할 때 가장 기본이 될 뿐 아니라 조리 후의 세척에서도 반드시 필요한 재료이다. 따라서 주거 공간 내에는 음용 및 생활용수로 사용하기 위한 저장용 물 항아리를 비치하게 된다. 뿐만 아니라 당시의 취락이 목조건물로 이루어진 만큼 주거지 내의 부뚜막에서 취사 시에 일어날 수 있는 만일의 화재를 대비해서라도 항상 물을 준비할 필요가 있었다.

주거지 내에 물을 저장하기 위해 물을 길어오는 모습은 고구려 안악3호분의 우물벽화를 통해 엿볼 수 있다. 벽화의 중앙에는 우물이 배치되어 있으며 그 주위로 대형의 물 항아리가 여러 개 놓여있다. 그리고 맨 앞에는 목제도구가 놓여있는데 이것은 아마도 항아리를 싣고서 옮기는 데 이용하는 도구였을 것이다.

한편, 식사를 마치고 난 뒤의 식기들은 나무로 된 함지에 담아 세척하였다. 나무함지는 식기와 부딪쳐도 잘 깨지지 않으며 물이 새지 않고 가볍기 때문에 근대까지도 세척용구로 많이 사용하였다. 백제에서는 부여 능산리사지와 오산 가수동 등에서 목제함지가 출토되었다.

식기 세척에 사용하는 수세미로는 수세미외, 종려껍질, 짚 등을 들 수 있으나, 자연섬유인 만큼 잔존사례는 아직 확인되지 않았다. 다만, 부여 관북리의 목곽창고에서 수세미외의 씨앗이 출토되어 백제에서도 수세미외 내면의 망상섬유를 수세미로 사용하였음을 알 수 있게 되었다.

2-4. 귀때토기

주거지 내에서 물 저장은 주로 대형 항아리를 이용하지만 이 물을 다시 일상적으로 사용하기 위해서는 물을 담아 따르거나 옮기기 편한 작은 그릇이 있어야 한다. 이때 사용한 것이 바로 귀때토기이다. 다만, 귀때토기는 출토빈도가 그리 높지는 않은 만큼 보편적으로 자주 이용하던 기종은 아니었던 듯하다. 귀때토기는 대다수가 연질토기이며, 외면 일부에 산화면과 그을음 등이 잔존하는 사례가 있다. 아마도 부뚜막 위에 올려놓고 물이나 액체 음식물을 끓이고 데우는 등의 용도로도 썼기 때문일 것이다.

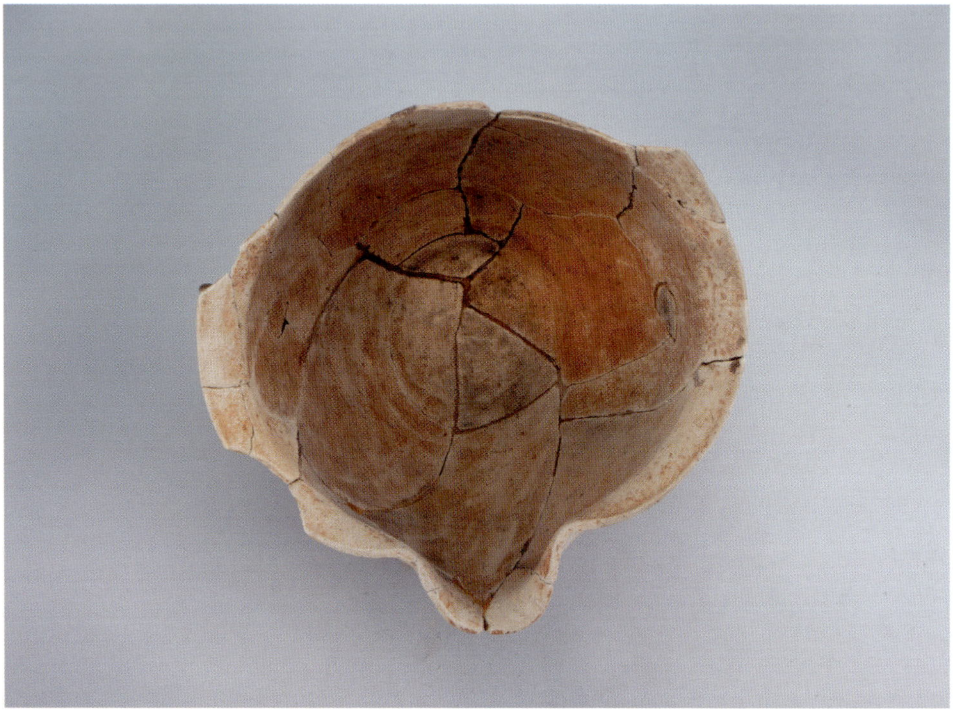

■ 귀때토기 注口土器 (인천 중산동)
한강문화재연구원

28 ■ 귀때토기 注口土器 (인천 중산동)
한강문화재연구원

2-5 솥〔釜·鼎·鍑, 鐎斗〕

솥(釜)은 밥을 짓거나 물 또는 음식을 끓이고 익힐 때 쓰는 용기로서 동체 상부나 중간부분에 전이 달려있다. 그러나 부(釜)와 함께 기능과 형태상 유사한 금속용기인 정(鼎), 복(鍑), 초호(鐎壺) 등도 모두 한글 솥에 해당하므로 개념 혼용이 불가피하다.

원삼국시대까지는 주로 복(鍑)과 정(鼎)이 제작되지만, 복은 삼국시대가 되면 사라지고, 정은 점차 의기화하여 토제로도 제작된다. 부(釜)는 낙랑에서 처음 등장하여 삼국시대에는 고구려를 중심으로 사용되었다. 백제에서는 한성기와 웅진기에 주로 계란모양토기를 사용하다가 사비기에 이르러서야 비로소 솥을 본격적으로 사용하였다. 신라도 고분에서 고구려의 쇠솥(鐵釜)이 출토되지만 일반적으로는 연질토기를 사용하였다. 초두는 낙랑에서 처음 출현하며, 주로 삼국시대에 많이 나타나는 기종이다. 백제의 초두는 대부분 중국에서 수입한 것이며 일상 취사용기가 아니라 차나 술을 데우는 용도였다.

원삼국시대의 가평 대성리유적 원12호와 원18호 주거지, 원42호 수혈에서 철복(鐵鍑)과 토부(土釜)가 출토되었다. 철복은 삼국시대에 이르면 거의 사라지는 만큼 백제 한성기에 이러한 철복 또는 철부를 사용했을 가능성은 매우 낮다. 한성기의 부뚜막에서 철솥을 걸어 사용했다고 판단되는 사례는 보이지 않기 때문이다. 한성기에는 솥의 역할을 계란모양토기가 하였으며 아직 철솥은 보편적이지 않았던 것으로 보인다.

위두(熨斗)는 과연 이동식화로였나?

위두는 원래 청동제 다리미로 알려졌으나, 최근 신라의 위두는 정(鼎)이나 초두(鐎斗)처럼 음식을 데우기 위한 '이동식 화로'로도 쓰였다는 해석이 제기되었다. 신라 뿐 아니라 중국의 고분에서도 위두가 청동제 취사용기와 함께 나타나기 때문에 다리미로만 단정할 수 없다는 것이다. 이러한 주장은 잔존상태의 사용흔 분석과 같은 접근방법으로는 해결하기 어렵다. 위두의 본래 기능인 다리미의 용도로 쓰이거나 화로로 쓰이거나 모두 내부에 숯불을 넣는 것은 같기 때문이다. 따라서 위두의 쓰임새를 굳이 다리미나 이동용 화로의 어느 한가지로만 한정지을 필요도 없다.

그런데 백제에서 출토된 위두는 현재 무령왕릉에서 출토된 1점뿐이다. 게다가 무령왕릉의 위두는 왕비의 발치 쪽에서 출토되었으며 바닥면에는 마직물이 부착되어 있었다. 따라서 백제 무령왕릉의 위두는 다리미일 가능성이 매우 높다.

29 ■ 청동 다리미 銅製熨斗 (공주 무령왕릉)
국립공주박물관

3. 음식 만드는 공간

3-1. 점토띠식 화덕〔敷石式 爐址〕

초기철기시대에 등장하여 주로 한강유역의 여(呂) · 철(凸)자형 주거지에서 사용된 화덕의 한 형태이다. 대개 주거지의 중앙 부분 또는 단벽 쪽에 약간 치우쳐 위치하는데 부뚜막과 공반하는 경우에는 아궁이 주위에 설치되기도 한다.

대체로 주거지의 바닥에 강돌이나 잔 자갈을 타원형으로 깐 뒤 그 위에 편평하게 점토를 발라서 내면형태를 만들게 된다. 그리고 기장자리에는 내면보다 높고 두터운 단면 원형의 점토띠를 덧대어서 외형을 마무리하게 된다. 뒷면에 넓은 강돌이나 판석을 세워 두기도 하는데 그 용도에 대해서는 방열(放熱), 용기고정(容器固定), 바람막이 등 다양하다. 독특한 형태와 축조방식으로 인해 '부석식 노지'로 불리기도 한다. 점토띠식 화덕은 점차 부뚜막이나 쪽구들로 대체되면서 사라지게 된다.

3-2. 부뚜막

쪽구들과 함께 백제 주거지에 주로 설치되는 취사 · 조리시설이다. 부뚜막은 흙이나 돌로 만드는데, 앞부분에는 불을 지피는 아궁이를 만들고, 위에는 솥이나 계란모양토기를 걸어두는 구멍을 뚫어둔다. 불을 땔 때 생기는 연기는 고래를 따라 집 바깥의 굴뚝으로 빠져나간다. 아궁이의 바닥에는 솥을 받치는 받침돌이 설치되었다.

부뚜막은 이전에 사용하던 화덕에 비해 열효율이 높고 고화도의 취사 및 조리가 가능해졌다는 점에서 음식문화의 변화를 가져오게 되었다. 백제의 부뚜막이 구조적으로 완성되면서 점차 취사용기도 이에 걸맞는 크기로 규격화되는데 이러한 변화는 대개 지역성과 맞물려 나타난다.

■ 모식도

3-3. 쪽구들

부뚜막과 함께 백제 주거지에 설치되는 취사 · 조리시설이지만 난방기능도 겸한다는 점에서 차이가 있다. 아궁이 부분은 부뚜막과 같지만 뒤쪽으로 벽체를 따라 설치된 고래로 연기가 지나가면서 집안 공기를 데워 난방을 하는 시설이다. 고래가 벽체를 따라 대개 1줄만 설치되므로 '외줄고래'라고도 부른다.

부뚜막에는 솥을 몇 개나 걸었을까?

현대의 부뚜막은 방 전체가 고래로 이루어진 전면구들이기 때문에 방의 폭에 맞추어 솥걸이를 몇 개씩 병렬로 설치할 수 있다. 또한 중국 한(漢)나라 때의 부뚜막형 명기나 일본의 부뚜막 복원사례를 살펴보면 솥걸이가 앞뒤로 2개 설치되어 솥도 아마 2개 이상 걸었을 것으로 알려져 있다. 그렇다면 백제의 부뚜막에는 과연 몇 개까지 솥(계란모양토기)을 걸었을까?

지금까지 조사된 사례로 볼 때 백제의 부뚜막에는 1개의 솥걸이가 설치된 것이 일반적이다. 간혹 2개의 솥(계란모양토기)이 걸린 경우도 있는데 이때도 솥걸이 구멍은 1개이다. 계란모양토기와 깊은바리를 함께 나란히 걸어놓거나 2개의 계란모양토기를 앞 뒤로 나란히 걸어놓은 사례는 좀처럼 찾기 어렵다.

3-4 부뚜막의 부속구

부뚜막의 부속구로서 아궁이테가 있다. 외형이 'U'자 또는 말굽 형태로서 부뚜막의 아궁이 입구 외면에 마치 문틀처럼 부착되어 외관을 보호 · 장식하는 토 · 철제품이다. 용도에 대해서는 아궁이의 보호라는 실질적인 기능 뿐 아니라 외면의 장식이나 조왕신앙 등의 의례와 관련하여 해석하기도 한다.

아궁이테는 주로 백제지역에서 많이 나타나고 있어 출현배경에 대해 중국의 조액판식(竈額板飾)이 낙랑 등의 한군현을 통해 들어왔다거나 4세기 중반 이후 백제와 고구려의 대립과정에서 유입되었다는 등의 견해가 있다. 처음 풍납토성에서 그 존재가 알려진 뒤 서울 · 경기는 물론 호남지역에서도 점차 그 사례가 증가하여 백제 부뚜막의 주요한 부속구로 인식하게 되었다. 풍납토성 가-5호와 용인 고림동 B7호 주거지의 부뚜막에 부착된 채 출토되어 쓰임새를 정확히 알려준다. 아궁이테는 고구려와 백제의 영역 뿐 아니라 일본에도 영향을 미쳐 킨키[近畿]지역 등에서도 출토되고 있다.

30 ■ 아궁이 테(좌), 출토상태(우) 爐趾用土製品 (용인 고림동) 한신대학교박물관

■ 아궁이 테 爐趾用土製品 (풍납토성)

굴뚝장식[煙家]은 부뚜막에서 조리할 때 발생하는 연기를 주거지 바깥으로 빼내는 시설인 굴뚝의 일부분으로서 대개 토제품이다. 아궁이테와 마찬가지로 고구려와 백제 영역에서 주로 출토되며 일부 형태는 일본까지 전래되어 나타난다. 백제의 토제 굴뚝은 양쪽의 폭이 동일한 토관형, 위는 긴 원통형이지만 아래쪽으로 가면서 넓어지는 나팔형, 굴뚝의 끝부분에 부착하여 장식효과를 주는 굴뚝장식 등 3가지 형태로 나뉜다. 원통형과 나팔형은 주로 마한 땅에서 원삼국시대부터 나타나는 반면, 굴뚝장식은 고구려의 영향을 받아 부여와 익산 등 사비기의 도성에서 주로 나타나며 보주형 장식 등의 형태나 출토유구의 성격으로 보아 고급의 지상건물에서만 사용한 듯하다.

31 ▪ 굴뚝장식조각 煙家片 (익산 왕궁리)
국립부여문화재연구소

이동용 부뚜막으로 밥을 지었을까?

이동용 부뚜막은 백제를 비롯한 삼국과 중국, 일본에 이르기까지 동아시아의 여러 나라에서 나타나는데 대개 무덤에 부장하기 위해 만든 명기(明器)이다. 그러나 신라와 가야 등 일부 지역에서는 실제 사용한 사례가 있으며, 이런 경우 크기와 형태도 명기와는 다르다.

백제의 이동용 부뚜막은 그동안 사례가 없었으나, 1995년에 군산 여방리의 6세기대 고분에서 소형명기의 형태로 1점이 출토되었다. 이후 익산 왕궁리유적과 부여 관북리유적에서도 이동용 부뚜막이 출토되었다. 무덤이 아닌 도성 내 생활공간에서 출토된 만큼 백제에서도 명기가 아닌 일상 생활용기로 사용하였을 가능성이 높아졌다. 다만, 크기가 작아 일반적인 취사에는 사용하기 어려운 만큼 술이나 차를 데우는 등의 보조도구로 썼을 것이다.

32 ■ 이동용 부뚜막 移動用爨(익산 왕궁리)
국립부여문화재연구소

33 ■ 이동용 부뚜막 移動用爨
(평북 운산 용호동)

4. 음식 만드는 그릇

백제 한성기의 취사 · 조리 모습은 각종 토기에 남겨진 여러 흔적을 통해서도 유추할 수 있다. 한성기의 대표적인 조리용 토기는 깊은바리, 계란모양토기, 시루 등이다. 조리용 토기는 다른 토기에 비해 기능이 강조된 탓인지 상대적으로 시기별 변화가 뚜렷하지 않은 편이다.

조리용 토기들의 제작상의 특징은 대체로 붉은 색을 띠며 모래가 섞인 점토를 재료로 썼다는 점이다. 이는 표면에 직접 불이 닿기 때문에 전도율을 높이면서도 높은 온도에 잘 견디도록 의도된 것이다. 사용 후 남겨진 특징으로는 토기의 안팎에 남겨진 음식물 흔적이다. 즉, 조리할 때 음식물이 넘쳐흘렀다든지 토기 안 바닥에 음식물이 눌러 붙은 흔적, 그리고 불이 닿아 토기의 색조나 표면 상태가 바뀐 것 등이다. 이러한 흔적을 관찰함으로써 과거 조리형태를 고고학적으로 추정할 수 있다.

4-1. 경질무문토기(硬質無文土器)

백제의 본격적인 취사용기가 갖추어지기 전부터 깊은바리의 전신으로서 조리할 때 사용한 것이 경질무문토기이다. 경질무문토기는 편평한 바닥형태를 띠고 있으므로 노지에 세워놓고 직접 불을 가하였다. 기종분화가 뚜렷하지 않은 편이지만 경질무문토기 내에서도 용도는 구분된다. 기존 연구 결과에 의하면 풍납토성 삼화지구 출토 경질무문토기에 남겨진 흔적을 통해 용도를 특정할 수 있는데, 대형은 물 끓이기, 중형은 수분이 줄어드는 죽 형태의 조리, 소형은 수분이 있는 반찬을 다루는 데 썼다고 한다. 경질무문토기는 조리에 쓰이기도 하지만 횡성 둔내, 동해 송정동, 원주 반곡동, 남양주 장현리 등의 사례에서처럼 저장용으로도 사용되었다.

34 ■ 경질무문토기 뚜껑 蓋 (하남 미사리)
한국고고환경연구소

35 ■ 경질무문토기 硬質無文土器 (풍납토성)

4-2. 계란모양토기〔長卵形土器〕

길고 좁은 몸통을 가진 토기로서 바닥은 둥근 모양이며 격자문, 삿무늬가 찍혀 있다. 원삼국시대부터 나타나며 부뚜막에서 시루 아래에 결합된 형태로 쓰였다. 계란모양토기의 쓰임새는 직접적인 조리처럼 밥을 짓는 그릇보다는 부뚜막의 솥걸이에 걸어 주로 물을 끓이는 데 사용되었음이 실험고고학을 통해 밝혀졌다. 즉, 물을 끓이면서 나오는 증기를 시루로 전달하여 내용물을 쪄서 익혀 먹기 위한 토기로서 바닥과 몸통에 불이 닿는 면적이 넓을수록 열이 잘 전달되므로 둥근 바닥을 띠고 있다.

계란모양토기의 내부에서는 검게 부착된 탄착흔보다 물띠흔 정도만 남은 사례가 많다. 계란모양토기는 솥과 달리 전이 없기 때문에 부뚜막에서 솥걸이에 고정하고 아궁이에서 올라오는 연기가 새어나오는 것을 막기 위해 틈새를 점토로 막는데, 불을 지필 때 점토가 토기표면에 붙어 점토부착흔을 남기기도 한다. 그래서 점토부착흔 위로는 아궁이의 불에 닿아 생기는 토기표면의 그을음이 관찰되지 않는다.

계란모양토기에 점토가 부착된 범위, 특히 두께를 통해 부뚜막의 솥걸이에 해당하는 부분의 단면두께를 추정할 수 있다. 마찬가지로 점토가 부착된 높이는 그릇 높이의 약 85~90%로서 부뚜막과 닿은 부분의 대략적인 범위에 해당된다. 점토부착흔과 동체 하부 타원형 피열흔이 한 방향에서만 집중적으로 관찰되는 양상은 부뚜막에서 계란모양토기를 자주 교체하는 방식이 아니라 고정해서 물을 끓였을 가능성을 높여준다. 고정된 계란모양토기를 교체한다는 것은 토기를 손상할 위험이 높으므로 부뚜막을 부수고 보수하는 작업을 병행하지 않는 한 생각하기 어렵다. 어쩌면 부뚜막을 만들 때 고정시키고 폐기할 때까지 하나의 계란모양토기만을 쓴 경우도 적지 않을 것이다. 이러한 점은 계란모양토기의 반복적인 사용회수가 상대적으로 많았을 것을 시사하며 실제 그을음이나 다른 흔적들이 겹쳐져 남아 있어 구분하기 어려운 점도 이 때문으로 보인다. 점토부착흔이 관찰되지 않는 계란모양토기는 그을음이 붙기 힘든 잘록한 경부를 제외하고 위의 구연단부까지 그을음이 있어 점토부착 여부에 따라 양상이 대비된다.

계란모양토기가 물을 끓이는 용기라는 것이 일반적인 해석이지만 소형에 속하는 계란모양토기는 다른 추정이 가능한 경우도 있다. 높이 22~27cm에 속하는 계란모양토기 중에는 제작기법이나 형태는 같지만 수분이 적은 음식을 조리했던 것으로 보이는 탄착흔이 안쪽에서 관찰되기도 한다. 외면에는 점토부착흔이 없고 그을음도 동체 전면에서 확인되는 점은 깊은바리와 비슷하여 부뚜막이 아닌 노지에서 사용했을 가능성을 생각하게 된다.

5세기 무렵 전이 있는 철부가 등장하면서 계란모양토기는 점차 사라지며 사비도읍기 이후 솥으로 대체되어간다.

■ 계란모양토기 長卵形土器 (풍납토성)

36

37 ■ 계란모양토기 長卵形土器 (풍납토성)

4-3. 깊은바리〔深鉢形土器〕

깊은바리는 선사시대부터 있었다. 백제 한성기의 깊은바리는 밖으로 벌어진 아가리, 상대적으로 아래보다 위가 넓은 몸통, 평평한 바닥, 표면의 격자무늬, 삿무늬 등의 특징을 가진다. 집자리, 무덤 등에서 많이 출토되며 취사용기로 사용되었던 흔적이 뚜렷하다. 깊은바리는 계란모양토기와 달리 수분이 많지 않은 조리에 쓰였는데, 구체적으로는 ① 국 · 찌개 등 탕류를 끓이는 용기, ② 죽을 끓이는 용기, ③ 밥이나 음식을 데우는 용기, ④ 반찬을 만드는 용기 등으로 기능을 나눌 수 있다. 깊은바리에서는 짙은 탄착흔이 관찰되는 경우가 많고 국물이 흘러넘친 흔적도 흔히 발견된다.

38 ■ 깊은바리 深鉢形土器 (풍납토성)

■ 깊은바리 탄착흔 深鉢形土器 炭着痕 (풍납토성)

4-4. 시루

초기철기시대에 처음 출현한 시루는 지금도 흔히 볼 수 있는 찜요리용 도구이다. 아가리는 음식재료를 넣기 위해 매우 넓은 편이며, 둥글거나 편평한 바닥에는 구멍을 뚫어 올라오는 뜨거운 증기로 음식재료를 찌게 된다. 화성 발안리의 원삼국시대 주거지 내부 부뚜막에서 시루와 항아리가 세트상태로 조사되어 사용방법을 직접 증명한 바 있다.

시루는 기본적으로 계란모양토기 상부에 걸치는 결합식 취사용기이다. 부뚜막에서 계란모양토기 위에 세트로 놓아두므로 시루의 양쪽에는 손잡이가 달려 있다. 증기공과 손잡이의 형태가 시기와 지역에 따라 조금씩 다르다. 시루는 집자리에서 주로 확인되며 부뚜막의 보급과 함께 시루의 출토빈도가 높아진다.

39 ■ 시루 甑 (원주 반곡동)
한강문화재연구원

■ 나무뚜껑 木製蓋
한강문화재연구원

■ 시루바닥 甑低部
한강문화재연구원

40 ■ 시루 甑 (풍납토성 가-14호 수혈)

41 ■ 시루 甑 (몽촌토성 87-2호 저장구덩이)
서울대학교박물관

42 ■ 시루 甑 (풍납토성 가-2호 주거지)

43 시루 甑 (동해 송정동)
국립춘천박물관

5. 음식 만드는 모습

5-1. 점토띠식 화덕

원삼국시대부터 백제 한성기까지 지속되었던 점토띠식 화덕에서는 경질무문토기를 세우고 연료땔감을 토기 주위에 배치함으로써 토기 저부에서 동체부 위로 불이 닿게 하여 조리하는 방법을 썼다. 경질무문토기는 기능상 분화가 완전하지 않기 때문에 계란모양토기처럼 물을 끓이는 전용 그릇은 발견되지 않지만 용량상 대형에 속하는 토기군이 그런 역할을 했다고 한다. 따라서 점토띠식 화덕에서는 다양한 크기의 경질무문토기를 이용하여 밥, 죽, 반찬, 국물음식 등을 조리한 것으로 볼 수 있다.

5-2. 부뚜막

점토띠식 화덕이 전통적인 조리시설이라면 부뚜막은 조리방식이 크게 달라진 조리시설이다. 조리방식이 변함에 따라 이전의 단순했던 경질무문토기와 비교하여 토기도 다양해져서 부뚜막이 있는 주거지에서는 조리용 토기로 깊은바리, 계란모양토기, 시루 등이 출토된다. 이들 토기는 점토띠식 화덕이 있는 주거지에서 출토되기도 하지만 본격적으로 빈도가 높아지는 것은 부뚜막과 함께이다. 물을 끓이는 계란모양토기가 부뚜막의 솥받침 위에 얹혀지고 그 위에 시루가 결합되는 형태가 부뚜막에서 볼 수 있는 조리의 전형적인 풍경이다. 이때 깊은바리는 부뚜막 입구에 세워 아궁이 내 잔불이나 땔감에서 나오는 열로 간단한 반찬, 국물음식 등을 조리하거나 남은 음식을 데웠을 것이다.

6. 음식 담는 그릇

6-1. 사발〔盌〕

사발은 대표적인 개인 배식기로서 백제 한성기에 눈에 띄게 증가한다. 깊은바리도 배식기로 사용되었을 가능성이 있으나 사용흔의 형태에 따르면 조리용으로 더 자주 사용된 듯하다. 사발 중에서 조리에 사용된 흔적이 남아있는 것도 간혹 관찰된다. 보통 사발은 회색 연질 혹은 경질이지만, 그을음이 관찰되는 사발은 다른 조리용 토기들과 마찬가지로 적갈색 연질을 띠는 공통점을 지닌다. 하지만 이러한 사발이 높은 비율을 점하는 것은 아니므로 조리 시 보조용기로 기능한 듯하다.

■ 사발 盌 (풍납토성)

6-2. 뚜껑접시〔蓋杯〕

뚜껑접시도 사발처럼 배식기에 포함되는데 뚜껑을 덮을 수 있도록 턱이 돌출되어 있는 접시류이다. 웅진기 이후 수량이 증가하며 이러한 현상을 반상의 보편화와 연관짓기도 한다. 일반적으로 사발보다는 제기(祭器)처럼 격식을 갖춘 자리에서 음식을 놓을 때 쓰인 것으로 추정한다.

03

백제의 밥상과 음식

백제는 하늘과 자연 그리고 조상에 제사를 드리는 풍습이 보편적으로 자리잡았다. 다양한 제사가 있는 만큼 다양한 상차림 또한 있었을 것이다. 유교가 백제시대 이미 받아들여졌고 낙랑 등과 교류하면서 제사상의 규칙 또한 있었을 것이다. 그 형식을 추정하기에는 쉽지 않으나 오늘이나 예나 당시의 문화에서 가장 화려하고 정갈하게 차려졌을 것은 분명하다. 열매인 밤과 대추가 있고 곡식으로 쪄낸 떡이 있었다. 사슴 등을 말린 육포, 고기로 젓갈을 담은 탐해, 붕어 만든 식해, 각종 김치와 같은 저장 식품들이 있었다. 제사 때마다 동물을 잡아서 삶은 고기가 있었는데 돼지, 닭 등이 통째로 올라갔을 것이다. 분명 술을 올려서 복을 기원하였을 것이다.

3-1. 식기(食器)

백제의 식기에 관한 자료는 거의 없다. 고대 식기의 절대다수를 차지했을 목제품이 제대로 남지 못한 데다 기록 또한 전무하기 때문이다. 종종 나무에 옻칠을 한 칠기(漆器)가 출토되기도 하지만, 그 수가 많지 않을 뿐더러 원래 모습도 정확히 복원하기 어려운 경우가 많다.

칠기는 목기의 방부, 방수, 방충과 같은 보존효과와 아울러 외면을 화려하고 아름답게 꾸미는 효과가 있다. 백제의 칠기는 주칠(朱漆)과 흑칠(黑漆)을 혼용하였으며 다양한 문양을 그려넣었다. 서울 석촌동고분군과 원주 법천리고분에서 출토된 칠기가 대표적이며, 중국 역사서에는 백제의 황칠(黃漆)이 유명하다는 기록이 있다.

45 ■ 칠기 잔 漆器盞 (원주 법천리) 복원품
국립춘천박물관

■ 칠기조각 漆器片 (원주 법천리)
국립춘천박물관

1-1. 숟가락과 젓가락〔匙箸〕

백제 사람들도 음식을 먹을 때 숟가락과 젓가락을 사용하였지만 한성기의 숟가락, 젓가락은 아직 출토된 사례가 없고 모두 웅진 · 사비기에 해당하는 유물이다. 그러나 한성기에도 아마 왕실과 귀족층에서는 금속제 숟가락과 젓가락, 칠기로 만든 숟가락과 젓가락을 사용하였을 것이다. 일반 백성들은 나무로 만든 숟가락, 젓가락을 썼을 가능성이 높다. 백제 한성기에는 밥보다 죽이 일반적인 주식이었을 수 있으므로 국물음식을 먹을 수 있는 숟가락이 유용했을 것이지만, 그릇을 입에 대고 마시듯 먹는 방법이 있으므로 반드시 숟가락이 필요했는지는 단언하기 어렵다.

삼국시대에 금속제 숟가락과 젓가락이 잘 남아있는 대표적인 사례는 무령왕릉이다. 이를 통해 백제왕실이 선진적인 중국식 음식문화를 그대로 시행했음을 알 수 있다. 백제에서 숟가락이 출토된 곳은 논산 표정리, 부여 추정 왕궁지, 청주 신봉동유적 등 주로 늦은 시기의 도성이나 지역 수장계층의 무덤이다. 젓가락 없이 숟가락만 출토된 것은 귀족과 같은 지배계층도 젓가락은 나무제품을 사용했을 가능성을 시사한다.

46 ▪ 청동젓가락 青銅箸 (부여 관북리)
국립부여문화재연구소

47 ▪ 청동젓가락 青銅箸 (부여 왕흥사지)
국립부여문화재연구소

48 ■ 청동 수저 靑銅匙 (공주 무령왕릉)
국립공주박물관

1-2. 주걱

시루에 지은 밥이나 깊은바리에서 조리한 음식물을 그릇에 옮겨 담을 때 사용하는 도구이다. 초기철기시대의 광주 신창동이나 삼국시대의 대전 월평동 등에서는 대부분 목제 주걱만 나타나므로 재질은 대개 목제였음을 알 수 있다. 주걱모양은 길고 폭이 좁아 요즘보다는 조금 세장한 편이다. 그러나 포항 대련리 Ⅰ-1호 우물에서 오늘날과 같은 형태의 목제주걱이 출토되는 것으로 보아 고려시대 이후에는 오늘날과 같은 형태로 정형화된 것을 알 수 있다. 한편, 지금도 밥주걱은 금속보다 나무나 플라스틱제품을 많이 사용하는데, 이것은 솥에 달라붙은 밥을 퍼내거나 긁을 때 내면코팅을 보호하기 위해서이다. 삼국시대에도 토기로 만든 취사용기의 기벽을 손상하지 않기 위해서 나무주걱을 주로 사용했을 것이다.

1-3. 국자

국물이 많은 액상음식물을 퍼내는 도구로서, 도마, 식칼과 함께 초기철기시대에 출현하며 점차 출토사례가 급증한다. 국자의 등장과 증가는 앞 시기에 비해 국물이 많은 음식으로 조리형태가 바뀌었음을 뜻한다. 그리고 주식과 부식의 분리, 혹은 국물음식의 보편화를 간접적으로 나타낸다.

국자는 고체음식물을 퍼내는 주걱과 달리 액상음식물을 퍼내는 만큼 칠기나 토제, 금속제등 다양한 재질로 제작되었다. 토제국자는 대개 크기가 작거나 모형품이 많아 일부를 제외하고는 제의에 사용된 것으로 보인다. 목제국자는 쉽게 부식되는 만큼 저습지와 분묘 등 일부유적에서만 출토되므로 잔존사례가 많지 않다. 그래도 정백리 127호분을 비롯한 낙랑고분이나 창원 다호리 63호분, 경산 임당동저습지, 광주 신창동저습지 등 한반도 전역에서 고르게 출토되었다. 국자는 고구려 안악3호분의 주방도(廚房圖) 벽화에도 그려져 있다.

■ 국자 杓子 (창원 다호리)
국립중앙박물관

49 국자 杓子 (창원 다호리)
국립중앙박물관

2. 밥상에 차려진 음식들

2-1 밥상

백제 사람들은 밥상 위에 각종 음식이 담긴 그릇을 올려놓고 식사하였을 터이지만, 아직 밥상 자체는 출토되지 않았다. 그러나 밥상을 사용했다는 『후한서』의 기록을 보더라도 백제 이전부터 이미 밥상으로 조두(俎豆)가 사용되었음을 알 수 있다.

東夷夫餘飮食類皆用俎豆 唯挹婁獨無 法俗最無綱紀者也.

(『後漢書』 권85 東夷列傳 挹婁)

동이 부여에서는 음식을 먹을 때 모두 도마를 사용하는데,
오직 읍루만은 조두가 없으며 법속에 가장 기강이 없다.

본래 '조(俎)'는 도마를 의미하지만, 점차 여기에 음식을 담아 올리는 용도로 바뀌면서 상과 도마가 분리되었다. 그리고 장방형의 상면(床面)이 점차 여러 개의 식기를 올릴 수 있도록 넓어지면서 지금의 밥상에 가까운 모습이 되었다.

백제의 밥상 형태는 분명하지 않지만 고구려 벽화 속에 그려진 밥상을 통해 어느 정도 유추할 수 있다. 그러나 의자와 평상에 앉아서 생활하던 고구려 귀족의 생활양식과 수혈식 주거지에서 좌식생활을 하던 백제 일반사람들의 밥상이 같았는지는 의문이다.

백제에서도 귀족들은 의자에 앉아 생활하였을 수 있지만 아직까지 백제 사람의 입식문화를 증명할 만한 흔적은 거의 발견되지 않았다. 다만, 한성도읍기에도 풍납토성의 경당지구 44호 유구처럼 웅장한 지상건물이 세워졌으며 미래마을 등지에서 토제 기둥밑장식과 초석 등이 상당수 발견되었으므로 향후 입식문화의 흔적이 발견될 가능성은 여전히 남아있다.

백제의 밥상일 가능성이 높은 유물로서 부여 관북리 출토품이 있다. '판형목제품'으로 보고된 이 유물은 상하외면이 모두 편평하게 마감되었고 잔존상태가 양호한 모서리 부분에는 조립을 위한 홈까지 설치되어 있어 밥상의 상면(床面)일 가능성이 높다.

백제의 밥상형태를 이해하는 참고품으로는 부산 고촌생활유적에서 출토된 목제 안(案)이 있다. 부산 고촌유적의 목제 안은 판재를 조립하여 만드는 방식과 통나무를 깎아 상면과 다리부분을 일체형으로 만드는 방식 2가지가 있다. 나무판재를 조립하여 만든 안(案)은 구조적으로 무거운 물건을 놓거나 작업용으로 사용하기는 어려워서 밥상일 가능성이 있다. 통나무로 제작된 것은 외면에 테두리가 없으며 상면에 칼자국이 관찰되는 만큼 물건 등을 제작하는 용도로 쓰인 듯하다.

50 상 案 (부산 고촌)
부산박물관

51 상 案 (부산 고촌)
부산박물관

2-2. 상차림

백제 사람들이 어떤 음식으로 매일 어떻게 음식상을 차렸는지를 정확히 알 수는 없다. 다만 각종 문헌기록과 고고학 자료를 통해 일부를 유추할 수 있을 뿐이다. 한성백제박물관에서는 지금까지 학계에서 조사 연구된 바를 바탕으로 백제 사람들의 밥상을 계층별로 추정복원해 보았다.

- 서민밥상

백제의 서민들은 채소를 넣은 죽과 동치미, 된장, 계란 등으로 밥상을 꾸렸다. 백제는 일찍부터 농사기술이 발달한데다 대다수의 집자리에서 부뚜막 시설과 시루가 출토되므로 곡물을 주식으로 삼았음에 틀림없다. 그러나 서민들에게는 곡물이 풍족하지 않았으므로 곡물이 부족한 시기에는 적은 분량의 곡식으로 많은 사람이 끼니를 때울 수 있는 죽을 만들어 먹었을 것이다. 특히 아욱은 15℃이상만 되면 잘 자라고 자라는 기간도 길지 않아 흔히 구할 수 있는 채소여서 고대 중국뿐 아니라 일본에서도 서민들이 많이 먹었다고 한다. 따라서 백제 사람들도 아욱을 죽에 넣어서 먹었음직하다. 그리고 무를 소금에 절여 담근 무김치는 모든 김치의 기본형이라고 할 수 있다. 콩을 대량으로 재배한 백제에서 콩으로 만든 된장은 보편적인 저장식품으로서 밥상 위의 기본 반찬이 되었을 것이다. 닭을 키우며 얻은 계란은 가난한 서민에게 훌륭한 단백질 공급원이었을 것이다.

- 귀족밥상

백제 한성기에 일부의 귀족은 왕권에 버금가는 큰 권력을 행사하였고 그 만큼 밥상의 모습 또한 화려했을

52 ▪ 굽다리 접시 高杯 (풍납토성)

것이다. 매번 그런 것은 아니지만, 종종 귀족들의 밥상은 집안의 식솔이 다 먹어도 좋을 만큼 성대하게 차려졌다. 그럴 때면 귀족이 먹고 난 밥상을 집안의 식솔들이 차례대로 물려가면서 먹었으며, 맨 마지막은 하인들의 차지하였다.

논농사로 쌀이 주식이 되었기 때문에 맛있고 먹기 좋은 쌀밥이 귀족의 밥상에 올라왔고 된장국이 별도로 함께 차려졌다. 개운한 동치미는 기본이며 여기에 고급 저장식품인 식해와 젓갈이 곁들여진다. 식해는 붕어에 쌀을 넣어서 발효시키고 젓갈은 논에서 잡힌 작은 민물새우를 소금에 절인 토하젓이다. 게다가 사냥으로 잡은 꿩 한마리를 통째로 삶아서 올렸다. 여기에 술을 한잔 곁들이니 이보다 풍성한 밥상이 어디 있으랴.

– 제사상

백제 때에는 하늘과 자연 그리고 조상에 제사를 드리는 풍습이 보편적으로 자리잡았다. 다양한 제사가 있는 만큼 상차림 또한 다양했을 것이다. 이미 유교가 국가운영의 한 축으로 자리잡은 데다 낙랑 등의 영향으로 제사상의 규칙 또한 마련되었을 것이다. 그 형식을 추정하기는 쉽지 않으나 예나 오늘이나 당시의 문화에서 가장 화려하고 정갈하게 차리는 것이 바로 제사상이다.

상에는 열매인 밤과 대추를 올렸다. 엄선한 곡식으로 쪄낸 떡도 올렸다. 사슴 등을 말린 육포, 고기로 젓갈을 담은 탐해, 붕어로 만든 식해, 각종 김치와 갖은 저장 식품들이 있었다. 제사 때마다 동물을 잡아서 삶았는데 돼지, 닭 등이 통째로 올라갔을 것이다. 그리고 분명 술을 올려서 복을 기원하였을 것이다.

53 그릇받침 器臺 (몽촌토성)
서울대학교박물관

3. 차(茶)

3-1. 차

한국에서 차 재배는 신라 흥덕왕 3년(828)에 김대렴이 당나라에서 종자를 가져다 지리산에 심었다는 『삼국사기』 기록을 근거로 통일신라시대부터 본격화했다고 보는 것이 보통이다. 그런데 이미 백제 한성기인 4~5세기경에 차문화가 성행했다는 사실이 최근의 고고학적 발굴성과를 통해 밝혀지고 있다. 이를 뒷받침해주는 결정적인 증거로서 돌절구, 청자사발(青瓷碗), 닭머리모양항아리(鷄首壺) 등이 풍납토성을 비롯한 백제의 주요유적에서 출토되고 있다. 다만, 백제 때의 차문화는 오늘날과 확연히 달랐던 듯하다.

당시에는 다 자란 찻잎의 끈기가 적었기 때문에 쌀을 죽처럼 쑤어서 섞은 다음 다병(茶餠), 곧 일종의 떡차를 만들어서 말렸다. 그런 다음 이것을 볶거나 그대로 돌절구에 넣어 찧고 가루를 만든 다음 주전자처럼 생긴 닭머리모양항아리(鷄首壺)에 넣었다. 여기에 뜨거운 물을 부으면 마치 오늘날의 현미차와 같은 풍미를 띠게 된다. 다시 파, 생강, 귤, 소금과 같은 여러 가지 양념을 더하여 다갱(茶羹)을 만든 뒤 찻잔에 따라 마셨다. 이렇게 만들어진 찻물은 마치 오늘날의 해장국처럼 마시면 술에서 빨리 깨고 정신을 맑게 하는 효능이 있다고 믿었다. 차문화를 향유하는 데 필요한 돌절구와 닭머리모양항아리, 청자사발 등은 중국 육조시대의 차문화를 직접 증명해주는 도구로서, 풍납토성 뿐 아니라 당시 백제의 지방거점인 천안과 공주 등지에서도 출토되었다. 이를 통해 한성기에는 이미 왕실과 귀족은 물론 지방의 수장층까지도 차를 즐겨 마셨다는 사실을 알 수 있다.

하지만 백제에서는 당시 차를 직접 재배한 것이 아니라 모두 중국에서 수입을 해 왔다고 한다. 이것은 오늘날 우리가 마시는 커피를 전량 수입해서 마시는 것과 별반 다르지 않다. 게다가 차를 가공하고 우려내기 위해 쓰이는 닭머리모양항아리, 청자사발 등의 도구 역시 대부분 중국에서 수입하였으니 차를 마시는 것이 얼마나 호사스런 사치였는지 가히 짐작할 수 있다.

3-2. 돌절구와 공이

1980년대 중반 몽촌토성에서 처음으로 돌절구가 출토되었다. 그 뒤 이것은 쌀이나 곡류를 도정하는 데 사용했다고 여겨왔다. 그러나 돌절구의 크기가 너무 작아 실용기가 아니거나 양념을 빻는 용도로만 사용했을 것으로 추정하기도 했다. 그런데 이후 중국제 닭머리모양항아리, 청자사발 등의 유물 출토사례가 점차 늘어나면서, 이것이 다병(茶餠)이나 약재(藥材)를 빻는 데 사용하는 '다확(茶確)'일 가능성이 높다고 생각하게 되었다.

최근, 백제 돌절구의 석질은 물론 형태와 제작방법까지 중국 육조시대의 출토품과 비교해 본 결과 중국 남경(南京)의 조가산(趙家山)에서 제작했을 것이라는 견해까지 나왔다. 이처럼 백제 한성기의 닭머리모양항아리, 청자사발, 다확 등의 음다도구(飮茶道具) 세트가 중국 육조시대의 그것과 거의 동일한 만큼 차와 함께 일괄 수입되었음을 알 수 있다. 최근에는 절구뿐 아니라 석제공이까지 화성 소근산성에서 출토되어 그 사용형태와 도구조합 등을 충분히 알 수 있게 되었다.

54 ■ 돌절구 石臼 (풍납토성)

■ 돌절구 石臼 (풍납토성)

55 ■ 돌절구 石臼 (화성 소근산성)
경기도박물관

3-3 닭머리모양항아리(주전자) 鷄首壺

닭의 머리 모양이 부착되어 있고 경부 위의 넓은 구연에서 어깨 사이에는 손잡이가 부착된 주전자 모양의 자기(磁器)이다. 중국에서는 흔히 천계호(天鷄壺), 계두호(鷄頭壺), 계호(鷄壺) 등으로도 불리는데, 1972년 중국 남경의 동진시대 무덤에서 출토된 닭머리모양항아리의 밑바닥에 '앵주의 성씨는 황이며 이름은 제지(罌主姓黃名齊之)'라는 명문이 쓰여 있어 당시에는 '앵(罌)'으로 불렀음을 알 수 있다. 앵의 용도가 술을 담는 주기(酒器)로도 쓰인다는 점을 감안할 때 주기(酒器)와 다구(茶具)의 기능을 모두 가진 것으로 보인다. 그리고 닭머리모양항아리를 통해 당시 중국 남조의 귀족들 사이에서 유행하던 차문화가 백제에도 그대로 받아들여졌음을 알 수 있다.

닭머리모양항아리는 중국에서도 삼국시대 말부터 양진(兩晋)시기에 월주요와 구요에서 처음 생산된 이후 점차 각지로 확산되었다. 이후 수(隋)나라 때에 이르러 점차 크기도 커지고 장식적으로 변하지만 당(唐)나라 초기를 지나면서 점차 사라지게 된다. 그러니까 대체로 중국 남조(南朝)를 중심으로 약 400년간 유행한 그릇인 셈이다.

백제에서는 천안 용원리와 공주 수촌리에서 흑유(黑釉) 닭머리모양항아리(鷄首壺)가 주로 출토된 반면, 남원 월산리 M5호분을 비롯한 대부분 지역에서는 청자(靑瓷) 닭머리모양항아리(鷄首壺)가 출토되었다. 중국에서는 대략 4세기 말 이전까지는 흑유와 청자가 같은 시기에 제작되었으나 5세기 초에 이르면 청자의 제작기술이 발달함에 따라 점차 흑유제작이 중단되고 청자 닭머리모양항아리만 제작되었다고 한다.

56 ▪ 닭머리모양항아리(주전자) 鷄首壺 (천안 용원리)
국립공주박물관

57 ■ 닭머리모양항아리(주전자) 鷄首壺 (공주 수촌리)
국립공주박물관

3-4. 찻잔 혹은 술잔

중국 남조의 차 문화가 백제에 전래된 사실을 보여주는 표지적 유물로서 단연 청자 찻잔을 들 수 있다. 주지하듯이 백제에서는 아직 자기를 제작할 수 있을 만한 수준의 요업기술이 따르지 못했던 만큼 청자 찻잔은 모두 중국 남조에서 수입한 것이다. 지금껏 백제의 왕도와 주요 거점지역에서 출토된 수입도자기는 모두 합해 대략 200여점에 이를 정도로 막대한 양이며 이중 풍납토성과 몽촌토성에서 출토된 수량만도 93점이나 된다. 여기에는 찻잔도 다수 포함되어 있는데 대표적인 사례가 풍납토성 197번지일대 다-38호 수혈의 큰독(大甕)에서 출토된 연판문(蓮瓣文) 청자사발(靑瓷盌)이다. 이와 함께 천안 용원리 석실분에서 출토된 연판문 청자바리(靑瓷鉢)도 양각된 연판무늬나 기형 등에서 풍납토성 출토품과 유사하지만 크기가 좀 더 큰 편이다. 이러한 연판문 청자사발(바리)은 주로 중국 남조시대에 차를 담아 마시던 그릇으로 사용했던 만큼 백제에서도 차문화와 함께 찻잔이 수입되었음을 알려준다.

청자사발의 쓰임새에 대해서는 술잔(酒器)와 찻잔(茶器)으로 보는 견해가 공존할 정도로 분명하게 가리기가 어려운 문제이다. 풍납토성 197번지 다-38호 수혈에서 출토된 연판문 청자사발을 찻잔이 아닌 술잔으로도 판단하는 이유는 함께 공반된 대형의 유약바른 도기항아리가 술을 운반하는 용기인 만큼 청자사발도 술을 마시는 것과 관련 깊다고 보기 때문이다. 그러나 유약바른 도기항아리에 술을 저장하여 중국에서 해로를 통해 백제까지 오는 기간이 최소 3개월 이상 걸리는 만큼 양조주를 보관하기는 어렵다는 견해도 있어 아직 단언하기 어렵다.

한편, 중국에서 수입한 청자사발의 출토수량이 적은 만큼 일반적으로는 토기사발을 술잔 등으로 더 많이 사용하였을 것이다. 백제에서는 한성기부터 중국의 청자사발을 모방한 토기 사발을 만들어 사용하였다. 소형의 토기 사발은 여러 용도로 쓰였을 수 있지만 대부분 0.5리터 이하로서 용량과 크기가 일정하게 집중되는 데다 청자 사발의 형태를 모방하는 등 대용품으로 제작되었음을 알 수 있다. 이처럼 술잔으로 사용되었던 토기 사발이 사비기까지 지속적으로 사용하게 된 데에는 무엇보다 백제의 음주문화와 연관성이 있다.

한편 귀족층에서는 칠기 잔도 일부 사용하였을 것이다. 칠기 잔은 토기보다 가벼운데다 외면에 화려한 색과 문양으로 장식할 수 있는 이점이 있다. 칠기잔의 사례로서 한성기의 원주 법천리 4호분에서 출토된 칠기 파배(把杯)와 칠기 이배(耳杯), 사비기의 부여 쌍북리에서 출토된 칠기 잔(盞) 등이 있다. 칠기로 술잔을 만들어 사용한 것은 백제 뿐 아니라 경산 임당동 저습지, 부산 고촌리, 창녕 송현동 고분 등에서 보듯이 삼국시대의 전반적인 양상으로 볼 수 있다.

술잔으로 칠기가 사용된 사실은 중국 한(漢)나라 때의 마왕퇴(馬王堆) 1호 한묘(漢墓)에서 출토된 칠기의 명문을 통해 칠이배(漆耳杯)가 술잔으로 쓰였음이 밝혀지면서 더욱 명확해졌다. 그리고 이러한 형태의 칠이배가 낙랑분묘에서도 다수 출토되어 한성기 이전에도 이미 칠기술잔이 사용되었음을 분명히 알게 되었다. 이러한 맥락에서 볼 때 청동초호의 뚜껑과 함께 출토된 한성기의 법천리 4호분 출토 칠이배 역시 술잔으로 부장되었을 것이다.

■ 칠기잔 漆器盞 (부여 쌍북리)
동방문화재연구원

■ 칠기 漆器 (부산 고촌)
부산박물관

59 ■ 칠기 漆器 (부산 고촌)
부산박물관

3-5. 탁잔 托盞

중국에서 차는 원래 약용이라는 개념이 강했으나, 남조시대로 접어들면서 점차 음료의 개념으로 바뀌게 됨으로써 자연스럽게 찻그릇 세트(Set)가 출현하게 되었다. 이러한 찻그릇 세트의 가장 대표적인 형태가 바로 받침을 가진 찻잔인 탁잔(托盞)이다.

공주 무령왕릉의 왕비 쪽 머리맡에서 이전시기까지 보이지 않던 동탁은잔(銅托銀盞)이 출토되었다. 반면, 닭머리모양항아리는 부장되지 않아 차문화의 구성요소에 조금씩 변화가 일어났음을 시사한다.

한편, 무령왕릉 출토 동탁은잔과 거의 유사한 형태의 동제탁잔(銅製托盞)이 중국은 물론 동(東)일본의 군마현(群馬縣) 다카사키시(高崎市) 관음총고분(觀音塚古墳)에서도 출토되었다. 이처럼 동일본의 내륙 깊숙한 지역에서까지 음다문화와 관련된 유물이 출토된 점으로 미루어 당시 동아시아에서 차문화의 유행과 더불어 문화교류가 무척 활발하였음을 알 수 있다.

60 ■ 받침있는 은잔 銅托銀盞 (공주 무령왕릉)
국립공주박물관

4. 술

백제의 술에 관한 기왕의 고고학적인 자료는 잘 알려져 있지 않아 주로 문헌자료를 이용해야하는 한계가 있다. 이와 관련하여 『삼국사기』에 다루왕 11년(38)의 기사가 있어 참고할 수 있다.

> 秋 穀不成 禁百姓私釀酒 (『三國史記』「百濟本紀」多婁王11年)
>
> **가을에 곡식이 잘 익지를 않아 백성들에게 사사롭게 술 빚는 것을 금하였다.**

이 내용을 보면 백제의 왕이 가을에 흉년이 들자 백성들에게 사사로이 술을 빚지 못하게 하는 내용인 만큼 풍년이 들거나 평소에는 백성들이 술을 빚어 마셨던 것으로 생각된다. 그러나 이 기록만으로는 당시 백성들의 음주문화에 대해 구체적으로 살펴보기 어렵다. 오히려 백제의 음주문화를 이해하기 위해서는 왕실이나 귀족 등 일부 계층을 중심으로 살펴볼 필요가 있다.

대체로 백제의 음주문화에는 당시의 선진지역이었던 중국의 육조시대의 영향이 컸다. 이러한 사실은 이미 한성기부터 도성인 풍납토성을 비롯하여 지역의 수장묘에서 수입된 초두, 닭머리모양항아리, 청자 병, 청자 사발, 유약바른 도기 등의 다양한 음주관련 도구가 출토되고 있기 때문이다. 한편, 백제의 양조기술 수준을 엿볼 수 있는 기록으로 일본 『고사기(古事記)』에 백제의 수수보리(須須保利) 또는 수수허리(須須許理)가 처음으로 술을 빚었다는 내용을 참고할 수 있다.

> 秦芠之督漢直之督哷知釀酒人 名仁番 亦名須須許理等 參渡來也
> 故是須須許理釀二大御酒一以獻.
>
> (『古事記』應神天皇 三韓文物伝来 中巻)
>
> 진조(秦造)의 선조와 한직(漢直)의 선조로서 양조의 기술을 알고 있는 이, 이름은 인번(仁番)인데, 다른 이름은 수수허리(須須許理)라는 사람 등이 바다를 건너왔다. 이 수수허리가 제주(祭酒)를 빚어 바쳤다.

이를 통해 백제의 술 빚는 기술이 뛰어났으며 일본에까지 전수되었다는 사실을 알 수 있다. 이후 양조기술의 전수에 대해 일본의 『고사기』와 『일본서기』에는 신에게 제사 지내기 위한 제주(祭酒)를 만드는 일은 주인(酒人)이 담당하며 양조기술도 전승한 것으로 알려져 있다. 이와 함께 백제의 도래인들이 많이 활동하였던 나라(奈良)시대의 평성궁(平城宮)에는 조주사(造酒司)라는 관청이 설치되어 여기에서 궁중의 연회 등에 쓰는 술과 식초 등의 양조를 담당하였다고 한다. 이미 백제 한성에서도 조주사와 같은 역할을 담당하던 기관과 담당직제가 있어서 술의 제조 · 관리, 그리고 이를 사용하는 제의와 각종 연회행사 등의 준비를 담당하였을 것으로 보인다.

4-1. 초두(鐎斗)와 초호(鐎壺)

한국에서는 고려시대에 소주가 전래되기 이전까지만 해도 술은 모두 양조주(釀造酒)였기 때문에 데워서 마시는 온주(溫酒)관습이 있었다. 따라서 술을 데우는 도구로 초두나 초호 등을 사용하였는데 원통형 몸체를 가지는 것이 초두이고, 솥처럼 둥근 몸체를 가지는 것이 초호이다. 초두는 풍납토성과 원주 법천리 1호 석실분 출토품, 초호는 서천 부장리 5호분, 남원 월산리 M5호분 출토품 등이 있다. 이처럼 초두와 초호가 출토되는 지역이 하나같이 도성이나 지방 수장층의 무덤인 만큼 이를 향유할 수 있는 계층은 매우 한정적이었다.

백제 한성기의 청동초두는 모두 동진계 수입품으로 볼 수 있는데, 풍납토성의 출토품은 다리 3개의 용머리 손잡이(三獸脚龍首柄)로서 비교적 이른 시기에 해당하는 반면, 원주 법천리 1호분 출토품은 다리의 접지각이 커지는 것으로 보아 이보다 늦은 시기의 것임을 알 수 있다.

■ 초두 鐎斗 (풍납토성)

4-2. 동준(銅鐏)

풍납토성 197번지 일대의 37호 수혈에서 준(鐏)의 손잡이로 추정되는 금속제 포수(鋪首) 1개가 출토되었다. 포수란 괴수얼굴을 한 형상의 뉴좌 위에 둥근 고리가 끼워져 있는 손잡이로서 청동용기에서는 주로 동체부와 일체형으로 주조되지만 칠기에서는 별도로 제작해 부착한다.

동준은 본래 술을 담는 용기로서 중국에 '온주준(溫酒鐏)'이라고 쓰여진 사례가 있는 것으로 보아 술을 데우는 데 사용했음을 알 수 있다. 그리고 이러한 형태의 원통형 칠기에서도 포수 손잡이가 설치되는 것으로 보아 풍납토성 출토품이 칠기 준의 손잡이였을 가능성이 있다. 중국 한(漢)나라 때의 화상전에 동준을 가운데 두고서 연회를 즐기는 장면이 새겨져 있는 것으로 보아 일반적으로 사용되는 것이 아니라 왕실이나 귀족층의 연회 등에 사용되는 고급용기인 듯하다.

4-3. 술 주전자

중국 남경의 동진시대 무덤에서 출토된 닭머리모양항아리의 밑바닥에 써진 '앵주의 성씨는 황이며 이름은 제지[罌主姓黃名齊之]'라는 명문을 통해 당시 중국에서는 이를 '앵(罌)'으로 불렀다는 사실이 밝혀졌다. '앵'의 사전적 의미를 찾아보면 '고대에 사용하던 그릇으로서 동체는 크고 입이 작은 술그릇(酒器)'이라고 한다. 따라서 중국에서 닭머리모양항아리는 원래 술을 담는 용도로 사용했음을 알 수 있다. 그러나 닭머리모양항아리(계수호)의 용도가 차를 끓여 마시는 다기(茶器)로도 알려져 있는 만큼 명확히 어느 한가지의 용도로만 사용되었다고 보기는 어렵다. 따라서 다구(茶具)뿐 아니라 주기(酒器)로도 두루 사용되었던 것 같다. 이처럼 육조시대에는 계수호에 차만 끓여 마셨을 뿐 아니라 더불어 데운 술을 따라서 마시는 주기로도 이용되었다는 사실을 알 수 있다.

닭머리모양항아리와 술잔(또는 찻잔)으로 사용된 청자 사발은 중국 육조시대의 음주문화(또는 차문화)가 그대로 백제의 왕실과 귀족층뿐 아니라 지역거점의 수장층에게까지 고스란히 전해졌음을 보여준다.

법천리 고분의 주기(酒器)세트

원주 법천리 4호분은 4세기말~5세기 초의 횡구식 석실분이다. 내부에서 금동신발과 초호(鐎壺)의 뚜껑으로 보이는 연화문 청동 뚜껑, 칠기 이배(耳杯), 칠기 파배(把杯) 등이 출토되었다. 아울러 서해안에서 어획된 것으로 보이는 6종의 생선뼈와 화장인골 등이 확인되었다. 백제 한성기의 남한강지역에서 활동하던 수장의 무덤으로 볼 수 있다.

여기에서 출토된 유물은 주기세트로서 술을 데우는 온주기와 술잔 등이 조합을 이루고 있다. 이를 통해 백제 한성기에는 내륙지방의 수장계층도 온주기(溫酒器)와 칠기 술잔, 그리고 다양한 해양어종을 접하였으며 중국식 음주문화까지 향유했다는 사실을 알 수 있다. 아울러 인접하는 1호분의 청동초두나 2호분의 양형청자 등 동진제 유물을 통해 당시 중국과의 활발한 교류로 음주문화에도 많은 변화가 일어났음을 유추한다. 그러나 공주 수촌리유적에서 출토된 닭머리모양항아리(鷄首壺)나 청자 사발(盌) 등의 다구(茶具)가 출토되지 않은 것으로 보아 아직 차문화는 향유하지 않았던 것으로 보인다.

61 ■ 초두 鐎斗 (원주 법천리)

62 양모양 청자 羊形靑瓷 (원주 법천리)
국립중앙박물관

4-4. 술 항아리

백제의 음주문화는 주로 초두(鐎斗), 청자사발(盌) 등의 주기(酒器)를 중심으로 알려져 왔지만 정작 술을 담아 저장하는 항아리에 대해서는 거의 밝혀지지 않았다. 최근 들어 풍납토성 경당지구 96호 유구에서 출토된 중국제 유약바른 도기항아리의 쓰임새와 관련하여 술 저장용기일 가능성에 대한 논의가 활발해지면서 술통 문제가 주요한 관심사로 떠오르게 되었다. 그 이유는 (동전무늬)유약바른 도기항아리의 형태와 제작지였던 중국 남조의 도성인 건강성(建康城)이 술로 유명했다는 정황근거 때문이다.

유약바른 도기항아리가 술 저장용기라는 견해에 대해 당시 도기항아리에 양조주(釀造酒)를 담아 중국에서 해로를 따라 백제까지 오는 기간만 해도 최소 3개월 이상 걸리는 만큼 술을 보관하기는 어렵다는 반론도 있어 아직 분명한 결론이 나지 않은 상황이다. 어쨌든 중국 남조에서 수입될 당시에는 빈항아리가 아닌 술이나 병차(餠茶) 같은 어떤 내용물을 채워서 이동하였을 테지만 이를 밝혀내기란 쉽지 않은 일이다.

04

배설과 화장실

음식문화의 마지막 과정인 배설이 이루어지는 곳은 화장실이다. 백제 사람들은 배설도구로서 남성용 호자, 여성용으로는 자배기형 변기를 사용하였다. 전북 익산에서는 공공화장실까지 발견되었다. 백제의 화장실에 대한 연구는 최근 10년 사이에 이루어졌으며 그 배경에는 익산 왕궁리의 화장실 발굴과 옛 기생충알의 분석사례가 크게 작용한다.

대체로 사비기에 해당하는 화장실과 호자는 많지만 아직 한성기와 웅진기의 사례는 거의 없다. 비록 명확한 화장실의 구조와 시설까지는 아니더라도 최근 지속적인 기생충알 분석을 통해 풍납토성에서도 점차 화장실 유구가 확인될 수 있는 가능성이 높아졌다. 이를 통해 아직 화장실고고학의 연구가 걸음마 단계인 한국에서도 좀 더 왕성한 연구 성과를 기대해 볼 수 있을 것이다.

화장실고고학이란?

일반인들에게 보통 고고학하면 대개 고분이나 주거지 발굴을 떠올리기 쉽지만, 엄연히 화장실도 고고학의 주요한 연구대상 중 하나이다. 아직 한국에서 화장실고고학은 걸음마 단계이며, 앞으로 선사 · 고대의 생활문화를 밝혀나가는 데 큰 도움을 줄 수 있는 기대분야이다.

화장실 고고학이란 옛 사람들이 섭취했던 음식의 배설물 또는 간접자료를 통해 당시의 음식물과 그 재료를 밝혀내고 나아가 생활문화를 복원하는 전문연구분야이다. 화장실고고학은 연구대상시대의 자연식생, 주거와 배설공간의 관계, 배설물의 처리방식 등 다양한 정보를 통해 당시 사람들의 생활상을 밝혀낸다. 유적에서 직접 만날 수 있는 화장실, 변기, 배설물 등을 통한 직접적인 연구방법과 기생충알, 조류(藻類), 음식물의 씨앗, 잔존 지방산처럼 자연과학적 분석을 통해 밝히는 간접적인 연구방법이 있다.

1. 백제의 요강, 변기(便器)와 호자(虎子)

호자는 남성용 소변기로서 오늘날의 요강과 같은 기능을 하는 도구이다. 그 모습은 이름에서 알 수 있듯이 호랑이가 꿇어앉아 입을 벌린 모습을 형상화했으며, 대부분 등에서 목부분 위로 손잡이가 달려있다. 『주례(周禮)』에도 호자 이야기가 나오는 것으로 보아 이미 주(周)나라 때부터 사용하였으며, 근래까지도 중국의 상류층에서는 침상 곁에 두고서 사용한 것으로 알려진다.

한국에서는 백제와 고구려에서만 출토되는데, 주로 중국의 서진(西晋) 때부터 남북조시대(南北朝時代)에 유행하던 청자 호자를 모방해 만든 것이다. 중국의 청자 호자는 3세기 무렵부터 월주요에서 만들기 시작했으며, 고월자에서 유행한 동물형 자기의 하나이다.

국립중앙박물관에 소장된 전(傳)개성 출토 청자호자는 중국 남조에서 수입된 것이다. 백제의 호자는 부여와 익산지역을 중심으로 출토되는데, 중국의 청자호자처럼 동물형상을 하고 있어 고구려의 호자와 차별된다. 부여 군수리출토 호자의 형태는 중국의 청자호자가 정면만을 응시하는데 반해, 간결하면서도 역동성 있는 자세로 고개를 측면으로 돌리는 듯한 모습을 취하고 있다. 부여 관북리 목곽창고 4호에서 출토된 호자는 간략화한 동물 형태이며 등에는 손잡이가 달려있다.

고구려의 호자는 공주대학교박물관 소장품, 공주 학봉리, 집안(集安) 우산묘구(禹山墓區) M2331부근, 용마산 2보루 출토품 등이 있다. 외형이 간략화 되어 동물 형태는 보이지 않는다. 또한 반구형의 몸체 중간에는 주구(注口)가 달려있어 손잡이가 없는 주전자에 가까운 모습이며, 상부의 보주형태는 마치 뚜껑과 같은 형태를 이룬다. 이에 반해 집안(集安) 산성하묘구(山城下墓區) M345, 연천 호로고루 출토 호자는 비록 동체의 상당부가 결실되었지만 동체상부에 손잡이가 달려있고 주구의 폭이 넓어 백제의 호자에 가까운 형태이다.

63 ■ 남성용 변기 男性用 便器 (부여 군수리)
국립부여박물관

2. 여성용 변기

부여 군수리에서 출토된 토제품 중에 자배기모양의 타원형 동체에 구연은 한쪽으로 길쭉하게 빠져나와 있으며 양측면에 띠모양의 손잡이가 달려있다. 이것이 마치 오늘날의 여성용변기와 유사하다는 의미에서 남성용의 호자에 견주어 여성용 변기라고 알려져 있다. 하지만 이것은 밭에 거름을 줄 때 쓰는 도구인 귀때동이와 유사한 형태이므로 변기가 아니라는 반론도 있다. 그러나 귀때동이 역시 농가에서 소변이나 인분을 담은 장군과 함께 지게에 지고 가서 밭에 뿌리는 쓰이는데 쓰이는 도구였던 만큼 전혀 무관하다고만 볼 수는 없다. 따라서 이러한 자배기형 토기는 여성용변기로 사용되었다고 보아도 무방할 것이다.

최근 익산 왕궁리유적에서 자배기형 변기와 유사한 형태의 토기 2점이 추가로 확인되었다. 이 유물은 화장실이 위치하는 서북편지역에서 출토되었으므로 변기일 가능성이 높다. 한편, 일본의 평성궁(平城宮)과 등원경(藤原京)의 화장실유구는 공중화장실이 아니라 변기의 배설물을 모으는 구덩이역할을 하였으며, 익산 왕궁리의 화장실 역시 그러할 가능성이 높다고 보기도 한다.(井上和人) 만약 그렇다면 배설물을 받아다 버리는 도구가 필요한 만큼 호자와 함께 이러한 변기를 사용하였을 가능성이 더욱 높아진다.

■ 여성용 변기 女性用 便器 (부여 군수리)
64 국립부여박물관

3. 화장실

삼국시대의 화장실은 지금까지 백제에서만 확인되었으며, 주로 사비기의 부여와 익산지역에 집중되고 있다. 익산 왕궁리유적에서는 서북편지역의 동서 석축배수로 남쪽을 조사하는 과정에서 배수로와 연결된 3기의 대형화장실이 동서방향으로 나란히 확인되었다. 대형화장실은 장방형의 토광을 파고 내부에 나무기둥을 일정한 간격으로 박아 공간을 구획하였으며 벽면에는 점토를 덧발라 오수(汚水)가 새어나가지 않도록 조성하였다. 그리고 내부의 오수는 다시 좁은 수로에 연결하고 이를 다시 동서쪽 석축배수로와 암거(暗渠)를 거쳐 성벽 바깥쪽으로 빠지도록 하였다. 이는 마치 오늘날의 정화조와 같은 과학적인 구조이다.

익산의 대형화장실은 나무기둥으로 각각의 개별 공간을 분리한 만큼 여러 사람이 동시에 사용하는 공동화장실로 볼 수 있다. 화장실 내부에서는 뒤처리용 막대인 '측주(厠籌)', 짚신, 참외, 밤, 콩 등의 식물유체, 목제품, 토기 및 기와류가 다량 출토되었다. 왕궁리의 대형화장실은 현재까지 알려진 가장 대규모의 화장실이자 화장실의 모든 기능과 형태는 물론 관련도구까지 일괄 출토된 유일한 유적이다.

■ 화장실 모형 **化粧室 模型** (익산 왕궁리 전시관)

왕궁리의 화장실 바닥에서 채취한 토양을 분석한 결과 편충, 회충 등의 채소 섭취 시에 주로 감염되는 기생충의 알이 확인되었다. 이와 함께 간흡충과 감별이 불분명한 장내 기생흡충류가 출토되었는데, 이것은 민물고기를 생식할 때 생기는 만큼 당시에도 민물고기를 회로 먹었다는 사실을 알 수 있다. 그러나 육식을 섭취하면서 생기는 조충의 알은 확인되지 않아 주로 채식하였다는 사실도 알 수 있었다. 당시의 음식문화를 이해하는 데 있어 화장실 조사가 얼마나 중요한지를 다시금 생각하게 해주는 발굴조사였다.

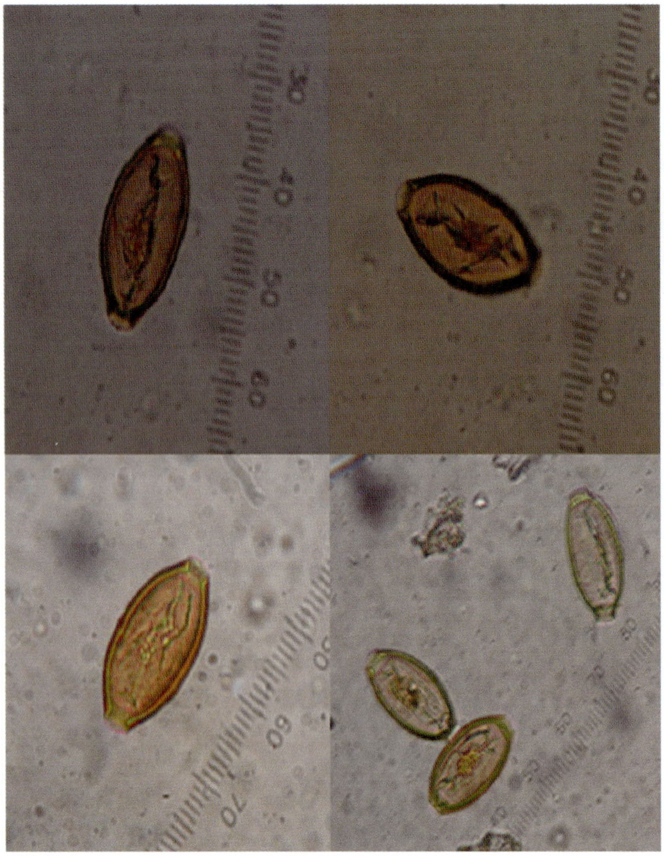

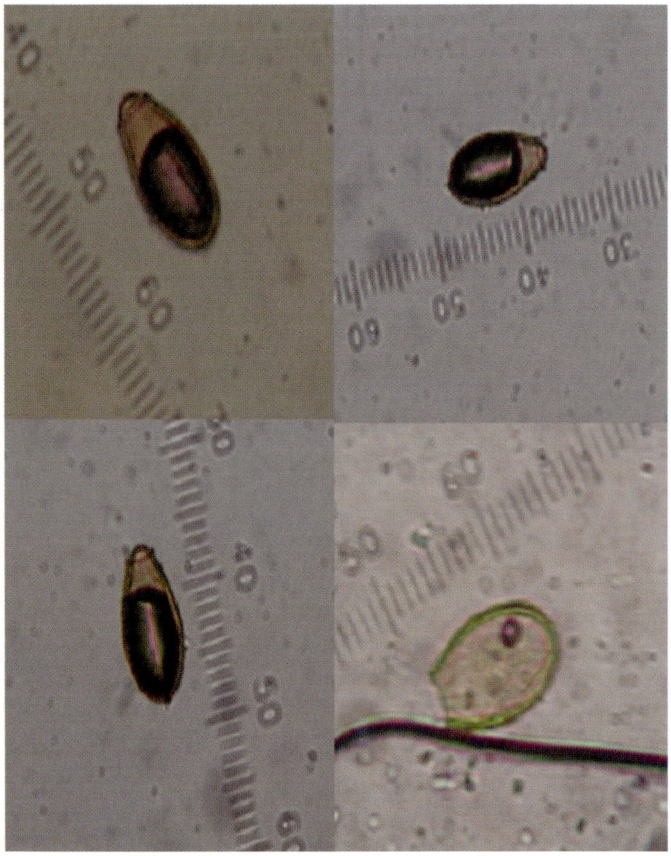

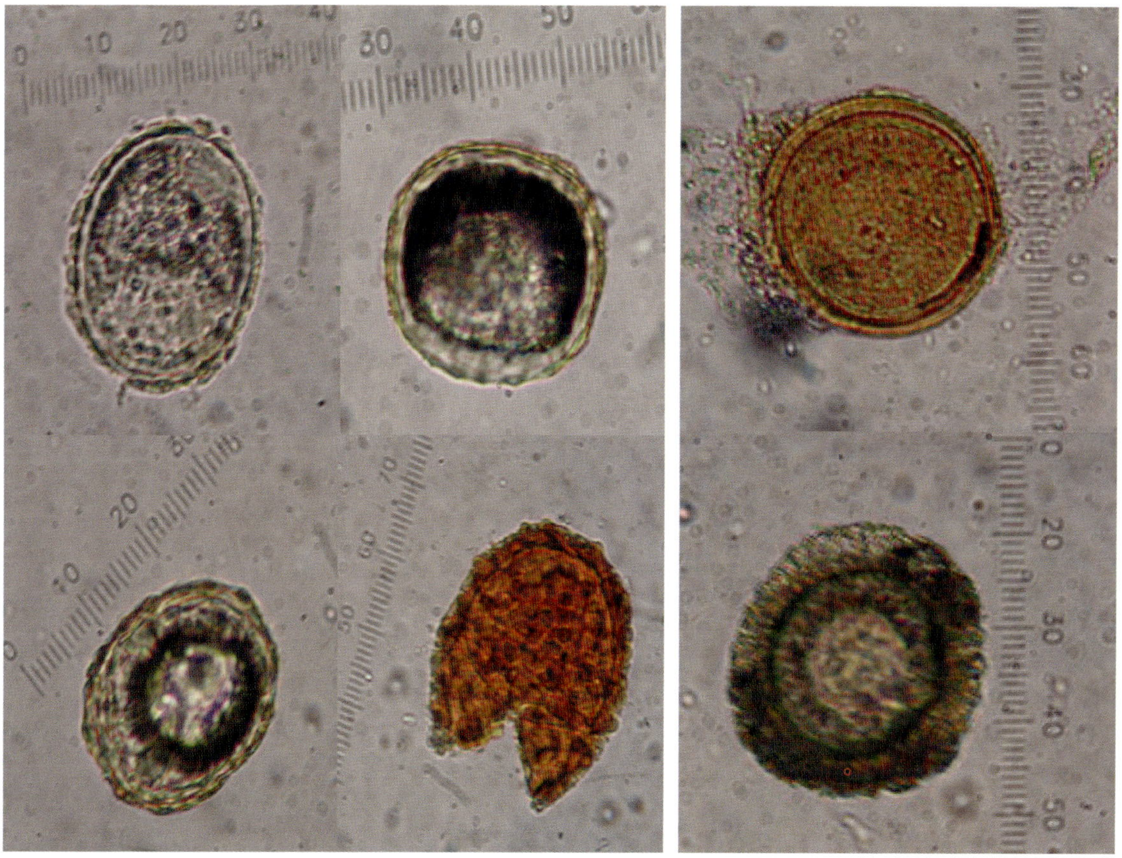

■ 기생충 寄生蟲 (익산 왕궁리)
국립부여문화재연구소

최근 조사된 부여군 가탑리 두시럭골 유적의 수혈에서 회충과 편충, 간흡충, 표주박 이형흡충 등의 기생충 알이 발견되었다. 이 유적은 5~6세기로 추정되어 현재로서는 백제뿐 아니라 한국에서 가장 오래된 화장실 유적이다. 이밖에 부여 구아리유적에서도 회충과 편충, 간흡충의 알이 주로 발견되는 유구와 회충과 편충의 알이 주로 발견되는 유구가 확인되었다.

부여지역에서 조사된 이들 유적은 익산 왕궁리유적의 화장실보다 이른 시기에 해당한다. 그러나 아직 웅진기와 한성기의 화장실은 발견되지 않았다. 앞으로 풍납토성과 몽촌토성의 유적들을 조사할 때 기생충알 분석을 꾸준히 시행한다면 조만간 한성도읍기의 화장실도 찾을 수 있으리라 기대한다.

논고

- 한성백제인들은 무엇을 어떻게 차려 먹었을까
- 백제 사람들의 밥 짓기와 음식조리

한성백제인들은 무엇을 어떻게 차려 먹었을까

대전보건대학교 김상보

1 유교적 밥상차림의 정착

백제가 건국되기 이전의 선주민인 마한은 진한이나 변한에 비해 문화 수준이 월등이 높았음으로 이미 중국과의 접촉을 통해 유교문화를 접하고 있었다.[1] 백제의 건국세력은 고구려와 마찬가지로 부여의 별종이다. 부여는 『예기(禮記)』 속의 예기(禮器)인 조(俎) · 두(豆) · 작(爵) 등을 사용하고 회동 때에는 향음주례를 적용하고 있었음으로 백제 역시 건국 시초부터 유교문화에 노출되고 있었다.[2]

백제건국세력이 얼마만큼 유교문화에 젖어 있었는가는 알 수 없지만, 풍납토성 성벽이 중국 진(秦) · 한(漢) 대의 중국 도성 축조기법에 비견할 만하다는 보고도 있기 때문에[3] 중국의 유교문화와도 상당히 친숙한 관계에 있지 않았나 한다.

게다가 한(漢)에 의하여 낙랑이 세워진 이후 낙랑은 삼한의 소국들과 빈번한 접촉을 가지고 조공품을 상업화하여 극동의 일대 상업기지로서 활약하면서 부를 축적했다.[4] 마한사회와 낙랑, 백제와 낙랑과는 빈번한 접촉을 통해 낙랑을 통해서 한대의 유교문화가 유입해 들어왔을것이다.

지금으로부터 3000년전 쯤 주공(周公)의 작품으로 추정하고 있는 『의례(儀禮)』 「공식대부례(公食大夫禮)」를 보면 당시 음식을 먹는다는 것은 신과의 교감을 통해 신에게 감사하면서 먹는 의례적 행위로 정찬(正饌)과 가찬(加撰)으로 상을 차렸다. 정찬은 서(黍)와 직(稷)으로 만든 밥, 맑은 소고기국인 급(湇), 양 · 소 · 돼지에 채소를 넣어 만든 형갱(鉶羹), 초장인 혜장(醯醬), 부추 · 무 · 창포뿌리로 만든 김치류인 저(菹)와 육장인 해(醢), 소 · 양 · 돼지 · 생선 · 토끼 등의 수육(熟肉), 술로 구성되고, 가찬은 량(粱)과 쌀(稻)로 만든 밥, 소 · 양 · 돼지로 만든 곰국, 소 · 양 · 돼지로 만든 구이, 소 · 양 · 돼지의 잘게 썬 육회와 육장, 생선회와 겨자장이었다.[5] 정찬이 기장밥 · 조밥, 초장, 국, 형갱, 김치 · 젓갈, 수육, 술이라면 가찬은 차조밥 · 쌀밥, 곰국, 구이, 육회 · 젓갈, 생선회 · 겨자장이다.

1) 김창석, 「한성기 백제의 유교문화와 그 성립과정」, 『향토서울』 65, 37~54, 59쪽.
2) 『魏書』; 『周書』 ; 『新唐書』; 『北史』; 『後漢書』; 『三國志』.
3) 이종욱, 「백제의 초기국가 형성 발전과 위례성」, 『향토서울』 64, 280쪽.
4) 김성남, 「백제한성기 남방영역의 변천」, 『백제의 변경』, 충남대학교 백제연구소, 2005, 39쪽.
5) 『儀禮』, 「公食大夫禮」.

춘추전국시대를 거치면서 선(檈, 둥근 작은 밥상), 안(案, 네모난 작은 밥상), 반(盤, 쟁반)이 밥상으로 정착되었다. 2000년 전 쯤의 한대에는 앞서 기술한 정찬과 가찬 외에 지금 우리가 먹고 있는 포(脯), 어포(魚脯), 기(鮨, 식해), 지(漬, 절임), 초(醋), 시(豉, 메주), 장(漿, 음료), 구이(糗餌, 절편류) · 분자(粉餈, 인절미) · 거녀(粔籹, 유밀과류) 등과 같은 병(餠, 떡), 면(麵, 국수), 만두(饅頭), 찜(蒸) 등을 먹었는데,[6] 선 · 안 · 반 위에 숟가락과 젓가락을 올려놓고 「공식대부례」에 나타난 정찬과 함께 이상의 음식을 포함하여 밥상을 차렸다.[7] 그런데 정찬과 가찬으로 차려지는 밥상은 의례가 동반되는 격식을 갖출 때의 상층부 밥상차림이고 밥 · 국으로 구성된 차림은 일반 서민들에게도 기본적으로 적용되어 밥과 국은 제후에서부터 서민에 이르기까지 똑같았다.[8] 이는 상차림의 기본이 밥과 국으로 구성되었음을 뜻한다.

고구려의 경우 동천왕(東川王) 원년(227)에 왕후가 왕의 마음을 알아보기 위하여 근시를 시켜 밥상을 올릴 때 왕의 옷에 국을 엎지르게 하였다는 기록이 있다.[9] 백제와 마찬가지로 부여의 별종이었던 고구려의[10] 밥상차림이 이러함으로, 백제 역시 왕에서부터 일반 백성에 이르기까지 밥과 국이 한 조가 되는 밥상을 차렸을 것이다.

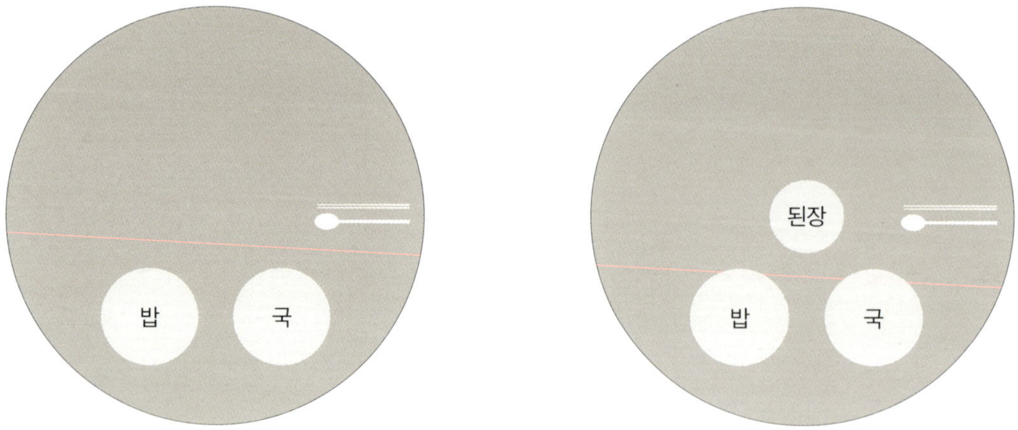

〈그림 1〉 한성백제시대 서민의 일상식 밥상차림

〈그림 2〉 한성백제시대 귀족계급의 일상식 밥상차림

6) 김상보, 『한국의 음식생활문화사』, 광문각, 1997, 206~256쪽.
7) 김상보, 「東 アジアにおけゐ儀禮的饗宴」, 『酒と飲酒の文化』, 平凡社, 1998, 363~402쪽.
8) 『禮記』, 「內則」 ; 『孟子』, 「古子」, 「盡心」.
9) 『三國史記』 권17, 고구려 본기5 동천왕 원년.
10) 『三國志』 권30, 「魏志」30, 「東夷傳」.

4세기 말에서 5세기 초의 고구려 무용총 고분벽화에 등장하는 식사 장면은 당시 가장 상층부의 식생활 단면을 알게 해준다. 남녀 각각은 안(案)에 옻칠기로 보이는 5기의 작은 식기를 차린 독상차림으로 마주하고 앉아 있고 그 바로 뒤에는 원반 위에 술항아리가 올려져 있는 장면이다. 음식 먹는 장면은 4세기 말의 각저총에서도 발견된다. 주인공이 무릎을 꿇은 채 칠기로 보이는 3기를 올려놓은 작은 안(案)을 독상으로 앞에 차려 놓고 무엇인가를 먹고 있다.

고구려 고분벽화에서 나타나는 작은 식기를 사용하여 밥상을 차리는 상차림법은 백제도 비슷하였을 것이다. 실제로 서울 구의동에서는 높이 5.5cm의 작은 종지[鍾子]가 출토 되기도 하였다.[11]

엄격하고도 검소한 식사작법이 요구되었던 유교적 사회에서 최상층부는 5기 정도가 가장 잘 차렸을 때이고, 고귀한 신분을 접대할 때에는 「공식대부례」에서와 같이 정찬과 가찬으로 구성하였으며 왕에서부터 일반인에 이르기까지 밥과 국이 한 조가 되는 상차림은 같았을 것이다.

2 쌀을 주식으로 하다.

1) 논농사

백제 이전의 선주민인 마한인은 밭작물인 육도(陸稻, 밭쌀)와 논작물인 수도(水稻, 논쌀)를 겸하여 재배하고 있었다. 육도는 생산성이 수도에 비하여 현저히 떨어진다. 수도는 수평이 유지되는 평지의 조건과 수량의 확보라는 조건을 갖추어야 한다. 백제가 점유했던 땅은 다른 어떤 지역보다도 수전도작의 조건을 자연적으로 훌륭하게 갖추어졌던 곳이다. 한강 · 금강 등이 제공해주는 충분한 수량과 함께 넓은 평야지대는 수도 발전을 위한 길을 열게 해주었다.

다루왕 6년(33) 국남(國南)의 주(州)와 군(郡)에 영을 내려 도전(稻田)을 만들게 하였다는 『삼국사기』의 기록은 그때까지 육도와 수도가 병행되던 것을 본격적으로 국가적인 차원에서 대형의 수도로 전환하였음을 의미한다. 드디어 수확량이 적은 육도가 잡곡이고 주식이 좁쌀이었던 청동기시대와 달리 수확량이 많은 수도가 점차 주식이 되는 시대가 도래하였다. 실제적으로 백제한성시대는 조세(租稅)로서 쌀을 거두어 들였다.[12]

그러나 수확량이 많다 하더라도 현재 수확량의 1/5에도 미치지 못하는 양이었기 때문에[13] 쌀 만으로 백제사회를 유지할 수는 없었다. 보리 · 콩 · 기장 · 조 · 호밀 · 밀 · 팥 · 녹두 · 삼 · 들깨 등도 여전히 중요한 작물로 재배되고 있었다.[14]

어찌되었든 「공식대부례」에서 가찬에 속했던 사치한 식품의 하나였던 쌀은 수전도작의 보급과 함께 대중화가 전개되면서 더 이상 옛날만큼 사치하고 귀한 식자재가 아니었다. 고구려나 신라에 비해 백제는 훨씬 이른 시기에 쌀이 점차 좁쌀 대신 주곡식이 되었다.

동해안에 등뼈처럼 붙어있는 백두대간으로 인하여 산맥들이 동쪽으로 발달해 있어서 동고서저(東高西低)가 되고, 물이 낮은 곳을 택해 서쪽 방향으로 흐름으로써 백제가 점령한 땅은 평야지대가 발달하여 농경문화 형성의 최적지였다. 고구려나 신라가 점령했던 땅보다 백제가 점령했던 땅은 한강 · 금강 · 영산강 · 섬진강이 있고 이들을 중심으로 넓은 평야가 있으며, 더군다나 서해안은 소금 생산의 최적지였다. 근초고왕 이후에는 만경강과 영산강유역권도 백제에 소속되어 명실 공히 한반도의 비옥한 땅은 전부 백제의 소유가 되었다.

11) 복천박물관, 『선사고대의 요리』, 2005, 124쪽.
12) 『周書』 권49, 「異域列傳」 41 百濟.
13) 原田信男, 『コメを選んだ日本の歴史』,文化新書, 2006, 76쪽.
14) 『三國史記』에는 다음과 같은 내용이 기록되어 있다.
『三國史記』 권23, 백제본기1 기루왕 14년 봄3월. "크게 가물어 보리수확이 없었다."
『三國史記』 권23, 백제본기1 기루왕 23년 가을8월. "서리가 가을의 콩을 손상시켰다."
또 고고학적으로 발굴된 곡물에 의하면 삼한시대의 신창동유적에서 밀 · 호밀 · 보리 · 조 · 삼 · 들깨가, 단양 애곡리유적에서 밀 · 팥이, 단양 수양개유적에서 밀 · 녹두 · 팥 · 보리 · 콩이, 영양 가평리 유적에서 보리 · 콩이, 파주 주월리유적에서 조 등이 출토되었는데(복천박물관, 『선사고대의 요리』. 2005, 72~79쪽), 당시 지역간의 문화적 차이가 거의 노출되지 않는다는 점에서(이기동, 「고대 동아시아 속의 백제문화」, 『백제문화를 통해서 본 고대 동아시아세계』, 공주대학교 백제문화연구소, 2002, 1쪽), 기장 · 조 · 보리 · 콩 · 호밀 · 밀 · 팥 · 녹두 · 삼 · 들깨 등은 한반도에서 당시 보편적으로 농사를 지어 수확했던 작물로 판단된다.

2) 식해 · 젓갈 · 김치 · 육회 · 어회 · 된장 · 육포 · 어포 등의 냉식으로 구성된 반찬류

일본에 수전도작(水田稻作, 논농사)을 전해준 집단은 죠몬[繩文]말기에 한반도 서쪽에서 건너간 도래인이다. 그들에 의하여 새로운 야요이[彌生, B.C. 2~3세기부터 A.D. 2~3세기까지] 문화를 구축하는 원동력이 되었다. 실제적으로 남방 계열이었던 죠몬인과는 달리 야요이인들은 형질과 문화적으로 한반도에서 살고 있었던 사람들과 가까울 정도로[15] 이 시기 한반도와 일본은 왕성한 교류를 하고 있었다.[16]

호수나 하천과 불가분의 관계가 있는 수전에서는 담수어업이 발전한다. 목축을 기본으로하면서 맥작(麥作, 밀 · 보리)을 하는 지중해농경문화가 가축에서 생산된 우유를 재료로 하여 치즈와 버터를 가공하여 주식량원으로 한다면, 논농사를 하는 조엽수림문화지대에서는 논에서 생산된 쌀과 민물생선으로 식해를 가공하고 또 민물생선으로 젓갈을 가공하여 주식량원으로 하였다.

일찍이 중국 양자강을 따라 발달한 논농사가 이루어졌던 곳에서는 식해와 젓갈을 만들어 먹고 있었다.[17] 식해는 B.C.1000년을 전후하여 논농사와 함께 한반도로 유입된 음식이다. 이 식해가 죠몬말기에 한반도로부터 일본으로 전해졌다는 것이다.[18]

토(土) · 전(田)이 비옥하고 오곡 · 잡과(雜果) · 채소 · 술 · 술안주와 음식 · 약품 등이 많으며 대부분 화식(火食)하지 않았다고한,[19] 백제인들에 대한 중국 사서의 기록에서 '대부분 화식(火食) 하지 않는다'는 것에 주목할 필요가 있다. 이는 냉식(冷食) 즉 발효음식과 회를 먹었음을 뜻한다. 앞서 기술한 바 있듯이 백제사회는 이미 초기부터 유교문화 속에 있었다. 밥과 한 조가 되는 발효음식은「공식대부례」를 기준하여 보면 김치류인 저(菹)와 육장인 해(醢) 그리고 육회(肉膾)와 어회(魚膾)이다. 가찬으로서 사치한 음식에 속하였던 육회와 어회는 제외하고 정찬의 구성만으로 보면 냉식은 해(젓갈)와 저(김치)이다.

육장(肉醬)인 해는 한반도에서는 어장(魚醬)인 젓갈로 발전한 것으로 보인다. 생선에 소금만을 넣고 발효시킨 어장에 대한 기록이『제민요술(齊民要術)』에「축이(鱁鮧)」와「장해(藏蟹)」로 기술되어 있다.[20]「축이」는 한 무제가 동쪽의 오랑캐인 동이(東夷)를 쫓다가 동이가 만들어 먹었던 조기 · 상어 · 숭어 등의 내장에 소금을 넣고 발효시킨 젓갈을 먹어보고 붙인 이름이다.

좁쌀을 주작물로 고대국가를 건설했던 동이족 집단은 중국 동해안지역과 한반도 황해연안에 골고루 분포하여 살고 있었다. 한반도와 중국 산동(山東) · 강소(江蘇) · 절강(浙江) · 회하(淮河)의 해안가에 살고 있던 동이족들은 문화의 중심지가 해안가였으며, 고조선사회 역시 마찬가지였다. 동이족들이 만들어 먹었던「축이」라는 젓갈은 생선내장에 소금을 결합한 형태이다.「축이」에서 보여주는 단순 소금절임에 의한 발효는 당시 동이족 집단의 보편적인 식품 가공이었을 것으로 판단된다. 즉「축이」가 (생선내장+소금) 이었듯이, 김치류 또한 (채소+소금)이었을 것이다.[22]

해안가를 끼고 있으면서 문화의 중심지가 해안가였던 동이족 집단은 해양을 통한 상호교류 · 교역을 하고 있었다.「축이」는 백제가 건국되기 이전의 선주민이었던 마한사회에서 또는 훨씬 그 이전부터 이미 먹고 있었다. 유교의 유입과 함께「해」가 반찬의 한 종류로서 정례화 될 때 우리는「해」하면 어장을 지칭하게 되었을 것이다.

「축이」로써 유추해 보았을 때 동이족들이 먹었던 김치류는「염저(塩菹, 채소+소금)」였을 가능성이 있다.『제민요술』에는「염저」 외에「초저」와 촉(蜀,사천)인이 담그어 먹었다는 (갓+소금+쌀죽)으로 만든「촉개함저」가 기술 되어있다. (생선+소금+쌀밥)으로 구성된 것이「식해」라면, (채소+소금+쌀죽)으로 만든 것이 「촉개함저」이다. 이렇듯 사천에서「촉개함저」와「식해」가 나오게 된 배경에는 이 지역이 화북 황토지대의 밀 재배지인 분식(粉食)을 위주로 하는 지역과 달리 쌀을 주식으로 하는 입식(粒食)지역인 것에 기인한다. 입식인 밥이 차지하는 부식의 개념과 분식이 차지하는 부식의 개념은 완전히 다르다. 밥과 국이 한 조가 되고 있었던 시대의 밥반찬으로서 발달한 것이「촉개함저」이며, 이러한 이름을 붙인 것은 촉시대 때 활발한 교류로 산동에 전해졌기 때문이다.

한반도를 중심으로 나타나고 있는 청동기시대의 유물인 석관묘와 고인돌이 사천 주변에서 보이고 있는 것은 청동기시대 때 한반도 동이족들이 발해연안에서부터 하서회랑을 통과해 지금의 사천으로 이동하였다는 증거이고, 반대로 사천의 문화가 동북아로 이동하였음을 나타낸다.[23]『제민요술』의「촉개함저」는 촉시대 훨씬 이전부터 교류를 통하여 동북아시아 → 사천, 사천 → 동북아시아로 교류된 결과로 나타난 것이다.

「공식대부례」를 근거로 한다면 무로 김치를 만들어 먹은 역사는 3000년 정도이다. 잘 알려진 바와 같이 산동을 근거로 해서 동이족이 세운 나라가 은(殷 , B.C. 1700-1100)왕조이고, 은의 뒤를 이은 나라가 주(周)왕조이며, B.C. 1100년 경의 주공이라는 사람이 쓴 것으로 되어 있는 것이 바로『의례』「공식대부례」이므로「공식대부례」 속의 청저(무김치)는

15) 原田信男, 앞의 책, 2006, 54 · 57쪽
16) 原田信男, 위의 책. 56쪽에서 복규슈유적에서는 한반도 토기가 출토되고, 부산시 동삼동유적에서는 죠몬 만기의 토기가 발굴되었음을 지적하고 있다.
17) 上山春平 · 渡部忠世,『稻作文化』, 中公新書, 1984, 78쪽
18) 原田信男 , 앞의 책, 2006, 72쪽.
19)『周書』;『北史』;『隋書』
20)『齊民要術』은 중국 後魏 때 사람인 賈思勰이 530~550년 사이에 편찬한 농서이다. 가사협은 산동(山東)의 고양태수(高陽太守)로 부임하여 임지의 사람들에게 농가생활 경영에 관한 실제적인 지식과 기술을 알게 하고자 기술하였다. 현재까지는 최고(最古)의 농서이다.
21) 김상보,「『제민요술』김치의 계보적 연구」『四川文化』, 四川研究會, 2006, 83쪽
22) 윤명철,『한국해양사』, 학연문화사, 2003, 55~56, 60~61쪽.
23) 서정록,『백제 금동대향로』, 학고재, 2001, 134쪽.

은왕조인 동이족의 음식문화를 계승한 것으로 보아도 좋다.

무란 동북아시아의 한냉한 기후지역이 재배 적지가 되어 이곳에서 재배화 · 식량화된 것이다. 배추 · 순무는 만주 일대에서 패자로서 존재해 있었던 고조선 · 부여인들의 식량으로써 활용되었을 것이다. 이들은 냉혹한 북방 기후 조건에 순응해 살면서 각종 저장음식으로 추운 겨울을 견뎌낸 저장가공식품이 발달한 동이족이다. 조와 보리를 주 작물로 하여 입식(粒食)을 먹었던 고조선 · 부여인들이 부식으로 배추 · 순무로 담가 먹었던 김치류「저(菹)」는「축이」가 (생선내장+소금)이었듯이「저」또한 (배추 또는 순무+소금)이었을 것이며, 곧『제민요술』속의「염저」라고 볼 수 있다. 단순 소금 절임인「염저」는「축이」와 함께 동북아시아의 동이족 집단들이 가공 · 저장해 먹었던 음식이다.

동북아시아의 냉혹한 기후 조건은 저장기술과 가공기술이 더 요구되며, 이는 몬순기후를 갖고 있으면서 풍부한 농산물이 생산되는 사천과는 크게 다르다. 고대 황해를 둘러싼 교류는 현재 우리가 알고 있는 것보다 훨씬 다양하고 빈번하였다. 전국시대(戰國時代) 진(秦)이 전국을 통일하기 전에는 적어도 한반도 서해안과 중국 동해안과는 빈번한 교류가 있었다. 이들은 동이족이었다. 황해를 사이에 두고 일어났던 인구 이동이 얼마나 심각한지는 일본의 사례에서 들어나고 있다. B.C. 3세기부터 7세기까지 1000년 동안에 거주한, 일본열도 원주민과 대륙에서 건너온 이주민의 비율은 서부 일본의 경우 1:9에서 2:8이었다.[24]

사천의 곡물저인「촉개함저」와 동북아시아의「염저」그리고 중국인들의「초저」가 함께 기록된『제민요술』의 저는 당시 활발했던 인구 이동과 문화 교류에 의하여 탄생된 김치문화 산물이며, 곧 당시 황해를 사이에 두고 살았던 동이족은『제민요술』의 저에서 보여주는 다양한 김치문화를 공유하고 있었다.『제민요술』속에 기록된 사천의「촉개함저」가 백제인인 수수허리(須須許利)에 의하여 일본에 전해져 수수보리지(須須保利漬)가 되었다.[25]

냉식의 하나로 빠뜨릴 수 없는 것으로는 된장과 육포 · 어포가 있다. 젓갈과 식해는 소금과 생선값이 비싼 당시 상당히 고가의 음식이었다. 젓갈 대용으로 일반 서민들이 즐겨먹었던 것이 된장이 아닌가 한다. 백제의 사례는 아니지만 5세기 초의 덕흥리고분 묘지명의 다음의 글은 백제인의 된장 상식을 암시한다.

'무덤을 만드는데 날마다 소와 양을 잡고 술 · 고기 · 흰쌀밥을 이루다 먹을 수 없었다. 또 된장을 담가 먹었는데 한 창고분이나 먹었다.'

냉동 기술이 보급되기 전까지 가축육과 생선의 저장은 중요한 문제였다. 가족 단위로는 한마리의 돼지나 소를 한꺼번에 먹을 수 없으므로 가공된 것이 육포(肉脯)이다. 현재까지 알려진 포에 대한 가장 오래된 기록은『삼국사기』에 기술된 '경덕왕이 도승 150인에게 대포(大脯)를 내렸다'는 것이지만, 마가(馬加) · 우가(牛加) · 저가(豬加) · 구가(狗加) · 견사자(犬使者) 등의 육축으로 관(官)의 이름을 지은 부여와 마찬가지로 백제사회 역시 당연히 육축(六畜)이 있었을 것이므로 한대와 마찬가지로 육포는 냉식의 하나로써 귀한 술안주감으로 애용되거나 군인들의 행군식(行軍食) 또는 여행식이 되었을 것이다.

같은 맥락에서 강이나 해변가에서 잡은 각종 생선도 보존식으로써 말려져 어포가 되어 역시 밥반찬이나 술안주가 되었을 것이다. 한성백제시대의 것은 아니지만 1670년 경의『음식디미방』에는 생선훈제법이 명시되어 있는데, 〈그림 5〉에 제시한 3세기 중국 산동성의 생선 말리는 그림과 유사하여 소개한다.

'생선을 편으로 썰어 두 널(平板) 가운데 넣고 지지른다. 물기가 빠지면 소금을 넣고 다시 지질렀다가 볕에 마르되 반만 마르면 다시 두 널 사이에 넣고 밟아 판판하게 해서 오래 말린다. 볕이 없을 땐 발을 매어 달고 그 위에 널어 아래에다 불을 피워 말린다. 연기를 쏘이면 고기에 벌레가 생기지 않는다.'

〈그림 4〉 한대의 포(脯)만드는 모습

〈그림 5〉 화덕 위에 매어 달아 육류와 어류를 말리는 모습(3세기 중국 산동성)

24) 윤명철, 앞의 책, 2003, 74쪽 재인용.
25) 이성우,「중 · 한 · 일에서 저채류의 변천과 교류에 관한 연구」,『영남대학교 논문집』9, 1975, 446~441쪽

3) 시루로 만든 찬품, 지에밥 · 떡 · 술 · 찜

쌀이 주곡식이 됨에 따라 쌀의 풍작을 위해 제사는 국가적인 연례행사가 되었다.

뿌리의 재생(再生)과 잘자란 풍성한 벼를 연상시키는 뿔을 지니고 있는 사슴이 상징적인 동물로 취급되어[26] 사냥해서 잡은 사슴을 제사때 희생수로 올렸다.[27] 쌀의 풍년을 위해 사슴을 잡고 제사지낼 때 쌀로 지은 음식이 예축음식이 되어 시루에 찐 지에밥[蒸飯] 또는 떡이 올랐을 것이다. 특별한 목적과 특별한 날을 위하여 의례용(儀禮用)으로 시루라고 하는 찜기를 이용하여 쌀로 지에밥을 찌는데 신에게 올려지는 공물(供物)이 되거나 밥 · 떡 혹은 술의 재료가 되었다.

「공식대부례」에서도 쌀은 귀한 손님에게 접대할 때의 특별식으로써 가찬(加饌)이었다. 다른 곡식에 비해 맛이 탁월한 육도는 수확량이 적으면 적을수록 그 가치가 상승되어 진중되었다. 일찍이 청동기시대 때의 육도는 각지(各地) 수장(首長)의 권위 계승을 위한 의례적 상징음식으로써 활용되었을 가능성이 크다. 화전[燒田]에서 재배된 육도를 절구와 절구공이를 이용하여 도정 한 후에 소쿠리나 시루를 사용하여 수증기로 찐 다음에 신(神)에게 바쳐지는 의례음식으로서의 용도이다. 한성백제시대 논농사가 본격적으로 전개 되었다고는 하나 지금과 같이 많은 양은 아니었다.

쌀은 여전히 청동기시대와 마찬가지로 귀한 것으로 대접 받았으며 밥은 물론이고 각종 떡으로 가공되어 이 역시 의례 음식이 되었다. 찹쌀을 시루에 찌면 찰밥지에밥이다. 이 찰밥을 꺼내 절구공이 또는 떡메로 치면 인절미가 된다. 시루를 사용했던 청동기시대에 이미 인절미가 존재했을 가능성이 있다. 마찬가지로 멥쌀을 시루에 찌면 멥쌀지에밥이 되고 이 밥을 절구에 담아 절구공이로 쳐서 모양을 만들면 절편이 된다.

쌀로서 보다 손쉽게 떡을 만들기 위해서는 제분이 필수적이다. 한대(漢代)에는 맷돌이 널리 보급되어 있었다. 진(秦) · 한대의 맷돌을 사용한 제분기술과 불가분의 관계에서 발달한 견직물인 사(紗)로 만든 체와 함께 한대의 맷돌은 상류계급의 전용물이었다.[28] 맷돌과 체가 백제 전기에 유입되었을 것이지만 이들 역시 상류계급의 전용물이었을 것이고, 절구와 절구공이도 청동기시대 이후 여전히 곡물의 제분에 동원되었을 것이다. 이들을 사용하여 만든 멥쌀가루는 시루에 담아 쪄서 시루떡이 되거나 찐떡을 다시 떡메로 치면 보다 손쉽게 절편과 가래떡을 만들 수 있다. 이 절편은 마한사회 때 멥쌀지에밥을 절구공이로 쳐서 만든 절편에 비하면 훨씬 쉽게 가공되는 방법이다. 신라 유리니사금 원년(24)의 '떡을 깨물어 잇자국으로 이빨의 수를 헤아려 유리가 왕위에 올랐다.'는 기록의[29] 떡은 인절미 또는 절편류로 설명이 가능하다. 완성된 인절미일 경우 서로 들러붙는 것을 방지하기 위해서는 고물이 반드시 필요하다. 인절미용 고물의 재료는 기루왕 23년(99)의 '운상추숙(隕霜秋菽)'에서 나타나듯이[30] 지대한 관심 속에 등장하는 콩일 것이다.

한편 시루를 사용해서 찐 지에밥은 술의 원료가 된다. 다루왕 11년(38) 국가적인 차원에서 백성이 사사로이 술빚는 것을 금하고 있다.[31] 금주령에 의하여 백성들의 술 빚는 것을 규제 할 정도로 백제 초기에 백성들은 일상적으로 술을 빚고 있었다. 다루왕 6년 남쪽의 주와 군에 영을 내려 수전도작을 보급한 사실로 미루어 다루왕 11년의 술재료는 쌀이었을 것이다.

시루를 이용하여 만들 수 있는 찬품은 이상의 것들 외에 각종 찜요리이다. 지에밥을 찔 수 있는 단계라면 가축으로 키웠던 소 · 돼지 · 닭 외에[32] 꿩 등을 재료로 하여 만든 각종 찜요리도 가능하다. 백제사회가 주례효찬(酒醴肴饌)이 많다고 본 중국 사서의 지적은[33] 각종 냉식 외에 이들도 포함되었을 것이다.

26) 原田信男, 앞의 책, 2006, 72쪽.
27) 『三國史記』「백제본기」는 사냥해서 잡은 사슴을 신록이라 하였다.
28) 김상보, 『한국의 음식생활문화사』, 광문각, 1997, 175쪽
29) 『三國史記』 권1 신라본기1 유리니사금 원년.
30) 『三國史記』 권23 기루왕 23년.
31) 『三國史記』 권23 다루왕 11년.
32) 『隋書』 권81, 「百濟傳」.
33) 『周書』 권49, 「異域傳」; 『北史』「東夷傳」.

4) 역법과 제사

백제의 상층부는 음양오행사상에 근거하여 거북이등을 사용하여 점을 치고, 인월(寅月)을 1월로 정함에 따라, 국가적 차원에서는 천(天) · 오제(伍帝) · 조상신에게 2월[卯月,仲春] · 5월[吾月,仲夏] · 8월(酉月,仲秋) · 11월(子月,仲冬)의 사중월(四仲月)에 길일(吉日)을 점쳐 제사하였다. 그래서 왕은 몸소 사중월에 천 · 오제의 신에게 제사하고 국성에는 시조 9대의 묘를 세워 역시 사중월에 제사하였다.[34)]

제정일치(祭政一致)였던 백제의 고대사회에서 제일 먼저 건립한 것이 동명묘(東明廟)였다.[35)] 동명묘는 태양을 숭배하는 광명숭배사상의 제사터로서 백제 전시기를 통하여 정신적인 지주가 되고 있었다.[36)] 음양오행사상을 기본으로 한 점의 결과에 따라 술을 빚고 수렵에서 잡은 사슴이 희생수가 되어 제사 지낼 때 (소 · 돼지 등도 희생수가 됨) 젯상차림도 음양오행사상에 입각하여 차렸을 것이다.

음양오행사상이 제정(祭政)에 얼마나 깊숙이 자리잡고 있었는가 하는 점은 '봄 2월 남단(南壇)에서 제사지냈다' 는 기록으로,[37)] 이는 2월의 중춘제(仲春祭)를 5곡의 풍년을 제사하면서 양기(陽氣) 증식을 위하여 남단에서 제사한 것이다.[38)] 즉 2월과 5월은 남단, 8월과 11월에는 북단에서 제사한 것으로 이해된다.

단 또는 묘에서 제사 올린 후 제사에 모인 사람들은 신이 내려주신 음식을 음복(飮福)이라는 과정을 통해 먹고 모두 하나가 되었다. 이때 군집(群集) 가무(歌舞)하고 신을 맞이 하였으며, 가무할 때에는 북을 두드리고 피리를 불었다[迎鼓吹]. 신과 제장에 참여한 모든 사람이 일체가 되어 창악(倡樂) · 가무 · 음주하는 가운데 새벽에 떠오르는 태양신(동명)을 맞이하였다.

한편 정월이 세시(歲時)가 되었다는 것은 각 절기마다 합당한 생활의례가 생겨났음을 뜻한다. 씻나락담그기, 모판 만들기, 씻나락 뿌리기, 모내기와 같은 파종의례와 · 농신제(農神祭) · 풋굿 · 기우제와 같은 성장의례, 수확이 끝난 다음의 제천의식인 수확의례 및 세말(歲末)부터 정월 상원(上元)을 중심으로 거행되는 예축의례에서, 거두어들인 시절 음식을 사용하여 신께 감사드리고 음복하는 것에서 세시음식이 생겨났다. 수전도작의 전개와 더불어 더욱더 풍성한 세시음식문화가 전개되었다.

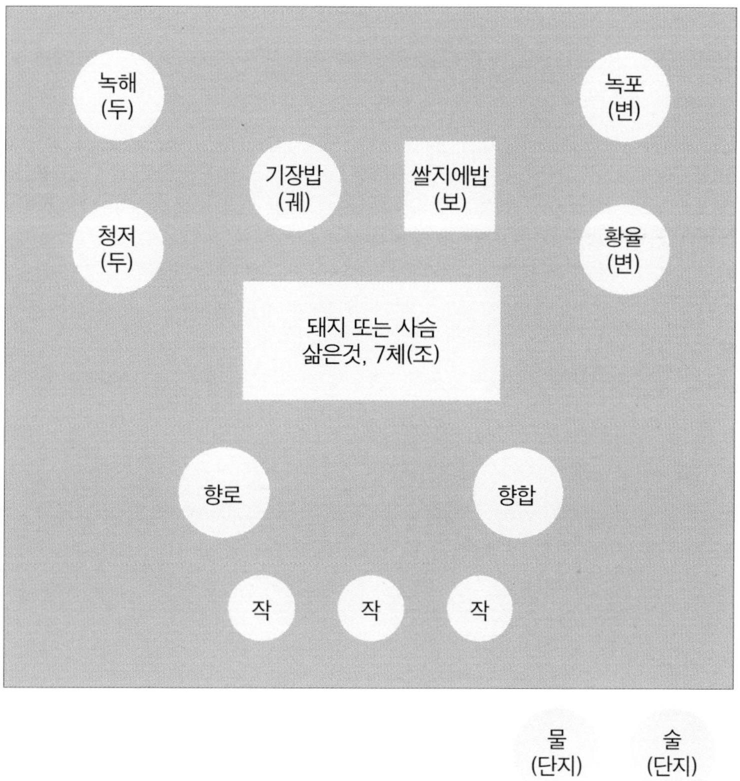

34) 『隋書』「百濟傳」; 『周書』「異域傳」; 『北史』「東夷傳」.
35) 『三國史記』 권23, 백제본기 다루왕 2년(29).
36) 한종섭, 『위례성 벡제사』, 집문당, 1994, 297~298쪽.
37) 『三國史記』 권23, 백제본기 다루왕 2년(29).
38) 『禮記』「月令」.

5) 중국제 다기를 사용한 귀족층의 차생활

근초고왕 8년(353) 무렵에 담로제가 성립됨에 따라[39] 담로의 각 수장들을 포함한 귀족층들은 서진(西晉)과 동진(東晉)에서 수입한 중국제 기용(器用)들을 생활용기로 사용하였다. 서진과 동진의 청동제 초두(鐎斗)[40] · 청자소완 · 반구호(盤口壺) · 이부호(耳附壺) · 옹(甕) · 완(盌) · 계수호(鷄首壺) · 타호(唾壺) · 양형기(羊形器) · 연(硯) 등이 한성을 중심으로 각지에서 출토되고 있다. 이들은 백제 귀족들이 실생활에서 사용했던 것들이지만 기종 구성은 중국의 육조 도성지역의 황족이나 귀족들이 일상생활에서 사용한 도자기 전 세트에 해당된다.[41] 이들 세트가 백제 지역의 단일 무덤에 전부 부장된 사실은 한성시대 후기의 귀족들은 중국 귀족에 버금가는 차생활을 비롯한 화려한 생활문화를 영위하고 있었다고 보아진다.

침류왕 원년(384) 호승(胡僧) 마라난타가 동진으로부터 들어온 이후 백제불교는 왕실불교로 시작된다. 왕은 이듬 해인 385년 10명의 승려를 출가시켜 득도케 할 정도로 국가적인 차원에서 불교를 장려하였다.

동진 때에는 왕실 및 귀족들의 기호로서 차를 마시는 풍습이 크게 유행하고 있었다. 찻잎과 쌀풀을 섞어 다병(茶餠)을 만들고, 차를 마실 때는 붉은색이 나도록 다병을 볶아서 빻아 가루로 만들어서 이것을 자기(瓷器)에 넣고 뜨거운 물을 붓고는 파 · 생강 · 귤 등을 곁들여 다갱(茶羹)을 만들어 먹었다.[42]

서진에서의 차생활이 동진에 그대로 이어진 것으로, 다갱을 마시면 술이 깨고 정신이 맑아진다는 것이다. 이 다갱은 신분이 높은 계층에서 계수호라고 하는 병에 담아 따라 마셨는데,[43] 이 계수호가 백제의 담로지역 수장(首長)에 해당하는 고분군에서 발굴되었다.

39) 노중국, 「금강유역의 백제 영역화와 문화적 변화」『4 · 5세기 금강유역의 백제문화와 공주수촌리유적』, 충청남도 역사문화원, 2005, 58~61쪽.
40) 조유전, 「풍납토성과 하남위례성」『서울 풍납토성 백제왕성연구 국제학술세미나』, 동양고고학연구소, 2003, 5쪽.
41) 박순발, 「공주수촌리 고분군 출토 중국자기와 교차연대문제」『4 · 5세기 금강유역의 백제문화와 공주 수촌리 유적』, 충청남도 역사문화원, 2005, 58~61쪽.
42) 박순발, 앞의 논문, 2005, 62~63 · 65쪽.
43) 박순발, 앞의 논문, 2005, 62~63쪽.

백제 사람들의 밥 짓기와 음식조리

최근의 실험고고학적 성과를 바탕으로

한강문화재연구원 오승환

1. 백제 사람들은 어떻게 밥과 음식을 만들었을까?

최근 들어 백제사의 연구가 활발해지고 성과가 많아지면서 자연스레 음식문화에 이르기까지 관심이 확대되었다. 지금까지 백제 음식문화를 명확하게 밝혀줄 문헌자료와 당시의 음식자료가 제한적으로 출토되어 연구에 어느 정도 한계가 있었다. 그러나 최근 몇 년 사이 실험고고학적 연구를 통한 가시적인 연구성과들이 조금씩 도출되기 시작하였다. 이러한 접근방법을 통해 그간 막연하게 추정되어왔던 백제의 음식문화와 취사형태에 대한 새로운 사실들이 밝혀지게 되었다. 따라서 본고에서는 이러한 실험고고학적 연구를 통해 밝혀진 사실을 중심으로 백제 한성기의 밥짓기와 음식의 조리에 대해 살펴보고자 한다.

백제 한성기의 취사형태는 중도식 화덕에 경질무문토기를 이용하는 방식과 부뚜막에 장란형토기, 시루, 심발을 이용하는 두가지 방식으로 나누어 볼 수 있다. 이 두가지의 취사방식은 시설(施設)과 용기(容器)는 물론 취사하는 방법에서도 많은 차이가 나타난다.

먼저 중도식 화덕에 경질무문토기를 이용하는 취사방식은 원삼국시대부터 나타나는 형태이다. 백제 한성기의 중앙을 비롯한 대부분의 지역에서는 부뚜막과 장란형토기 등이 사용되었다. 그럼에도 불구하고 멀리 떨어진 강원 영서지역 등에서는 화덕에 경질무문토기를 이용한 취사방식이 이어지고 있었다. 중도식 화덕은 춘천 중도유적의 집자리에서 처음 조사되면서 알려지게 되었으며 독특한 형태로 인해 '점토띠식 화덕'이나 '부석식 노지(敷石式 爐址)'로도 불리는 형식이며, 여기에는 경질무문토기를 취사용기로 사용하였다.

그동안 경질무문토기의 취사방식에 대한 연구는 한지선에 의해 서울 · 경기 · 강원지역의 취락에서 출토된 유물에 대해 이루어졌으며, 경질무문토기의 용량군과 탄착흔에 따른 취사와 조리 방식의 차이 등이 다양하게 검토되었다(한지선 2007 · 2010). 박경신은 대성리유적에서 출토된 경질무문토기 '세장동옹'에서 보이는 독특한 취사방식에 대한 견해를 제시하였다(박경신 2011). 그리고 원주 반곡동과 춘천 중도유적의 경질무문토기를 대상으로 한 小林正史 · 外山政子 · 鐘ケ江 賢二 · 오승환 · 장홍선 · 한지선 등의 공동 워크샵이 2011~2012년의 2차례에 걸쳐 한강문화재연구원에서 이루어졌다. 이를 통해 중도식 화덕에서 경질무문토기를 이용한 밥 짓기와 조리방식에 대한 분석과 집중토의가 이루어졌다. 특히 최근의 고고민족지 조사와 실험고고학적 연구 성과를 통해 취사용기의 사용방식과 취사흔의 형성요인이 훨씬 더 복잡하고 다양했음이 제시되었다.

다행히 최근에는 발굴조사 보고서에도 출토 토기에서 보이는 조리흔에 대한 별도의 도면작성과 분석사례가 점차 늘어나고 있는 추세이다.

백제의 취사형태는 주로 부뚜막에 장란형토기, 심발형토기, 시루의 3기종이 사용되었는데, 이에 대한 각 기종의 조리형태나 이용방식의 이해는 전무한 상태였다. 따라서 백제의 취사와 조리방식을 밝히기 위해 '음식고고연구회'에서는 부뚜막과 취사용기를 복원 · 제작하여 다양한 실험고고학적 연구를 실시하였다(음식고고연구회 2008 · 2009 · 2011). 이 실험을 통해 부뚜막을 이용한 취사방식과 조리용기의 기능에 대한 많은 성과가 있었다. 본고에서는 이러한 실험고고학적 연구성과로 밝혀진 백제의 취사와 조리형태에 대해 살펴보고자 한다.

2. 중도식 화덕의 밥 짓기와 음식조리

중도식 화덕은 주로 원삼국시대에 사용되던 취사시설이었지만, 강원 영서 등의 일부 지역에서 백제 한성기까지 한동안 사용됨에 따라 당시의 밥 짓기와 음식조리의 한 형태로서 살펴보고자 한다. 그러나 중도식 화덕과 경질무문토기를 대상으로 한 밥짓기와 음식조리의 형태를 밝히기 위하여 별도의 취사실험은 이루어지지 않았다. 그 대신 여러 유적에서 출토된 경질무문토기에 대한 관찰과 도면분석을 바탕으로 살펴보고자 한다.

토기의 취사 · 조리흔을 밝혀내기 위해서는 가급적 화재주거지가 아닌 주거지에서 출토된 경질무문토기를 대상으로 검토해야 한다. 그 이유는 화재주거지의 경우 고열로 인해 토기의 사용흔에 산화소실이 일어나는 등 본래의 상태가 왜곡되어 정확한 데이터를 얻을 수 없기 때문이다.

선별된 경질무문토기는 사진실측 방법을 이용하여 도면을 작성하고 유물의 관찰을 통해 도면상에 취사흔을 표현하는 방식으로 이루어지게 된다. 여기에는 일본의 小林正史가 제시한 도면작성 방법을 이용하게 되는데 이를 모식화한 것이 〈도면 1〉이다(庄田愼矢 2005). 이러한 도면작성법을 이용하여 경질무문토기의

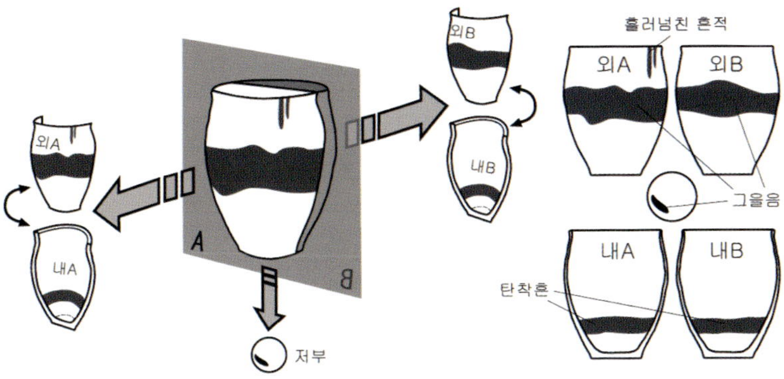

〈도면1〉 小林正史의 도면 작성방법 모식도(庄田愼矢 2005)

〈사진1〉 弥生土器의 측면 가열방식 실험

내외면에 나타나는 산화흔, 그을음, 탄착흔, 피열흔, 흘러내린 자국 등을 표현하여 당시의 밥 짓기와 조리방식의 일면을 밝혀내게 된다. 이처럼 경질무문토기를 이용한 취사실험 대신 이와 같은 토기분석을 통해 당시의 취사형태를 간접적으로나마 밝혀낼 수 있다.

최근 일본에서는 선사 · 고대의 취사형태에 대한 실험고고학과 동남아 원시부족의 취사형태에 대한 고고민족지의 조사를 결합한 연구가 小林正史 · 北野博司 · 外山政子 등에 의해 활발하게 이루어지고 있으며 많은 성과를 내고 있다(小林正史 2011 外). 이러한 실험과 민족지 자료에 대한 연구에는 토기 사용흔의 관찰과 도면작성을 이용한 관찰방법이 유용하게 쓰이고 있다.

따라서 이러한 연구성과를 바탕으로 한국에서도 춘천 하중도(한강문화재연구원 2011)와 원주 반곡동유적(한강문화재연구원 2010)에서 출토된 경질무문토기에 대한 취사형태의 검토가 2011년~2012년에 걸쳐 이루어졌다. 대체적인 연구방법은 이전의 워크샵에서 제시된 결과와 유사하지만 그동안 축적된 고고민족지적 조사자료를 바탕으로 풍부한 사례검토와 진전된 실험고고학적 성과를 통해 다양한 해석들이 제시되었다. 특히 취사형태에 있어서는 경질무문토기를 화덕에 세워놓고 저부쪽에서 불을 피우는 전형적인 방식의 취사형태만 이루어진 것이 아니라 뜸을 들이기를 위한 측면의 가열방식 및 이로 인한 산화소실의 흔적 발생이 발생하게 된 배경 등에 대한 새로운 해석들이 제시되었다. 특히 이전에 검토되었던 것처럼 측면에 달궈진 돌이나 땔감을 기대어 가열하는 방식이 아니라 잔 숯불 위에 경질무문토기를 굴려서 측면을 가열한다고 보았다(사진1). 물론 이 밖에 다양한 부분에서 이전의 성과와 견해가 다른 새로운 해석들이 제시되었지만 아직 이를 검증할 만한 국내의 실험고고학적 연구가 없어 이 부분은 향후 충분한 검토가 필요하다.

〈도면 2〉 원주 반곡동유적 출토 20번 토기의 취사 조리흔

1) 경질무문토기의 조리흔 검토

상기한 분석을 통해 3세기 중반~4세기 초에 해당되는 백제 한성기의 원주 반곡동(한강문화재연구원 2010)과 춘천 하중도유적(한강문화재연구원 2011)에서 출토된 경질무문토기를 대상으로 밥 짓기와 음식의 조리형태에 대해 살펴보았다. 그 결과 대체로 기존에 알려진 원삼국시대의 경질무문토기의 취사 조리흔과 대체로 유사한 양상을 살펴볼 수 있었다.

이 중 일부 관찰사례에 대해 간단히 살펴보도록 하겠다. 먼저 밥을 짓는데 사용된 원주 반곡동유적 출토 20번 경질무문토기(도면 2)는 외면의 구연부에서 동체부에 이르기까지 층상의 그을음이 나타나며 어깨 부분에는 옅은 그을음이 남아있다. A면의 외면과 내면에는 상중하 세 군데에서 원형 산화 소성흔이 나타나는데 대체로 비슷한 높이에서 띠 모양을 이룬다. 이러한 산화 소성흔에 대해 小林正史는 경질무문토기를 이용하여 밥을 지을 때 뜸을 들이는 과정에서 토기를 불 위에 굴려가면서 측면가열 한 흔적으로 판단하고 있어 향후 실험고고학적 검토를 해볼 필요가 있다. A면의 우측 구연부에는 흘러내린 흔적도 일부 관찰되고 있어 끓어 넘치는 조리가 이루어졌음을 알 수 있다.

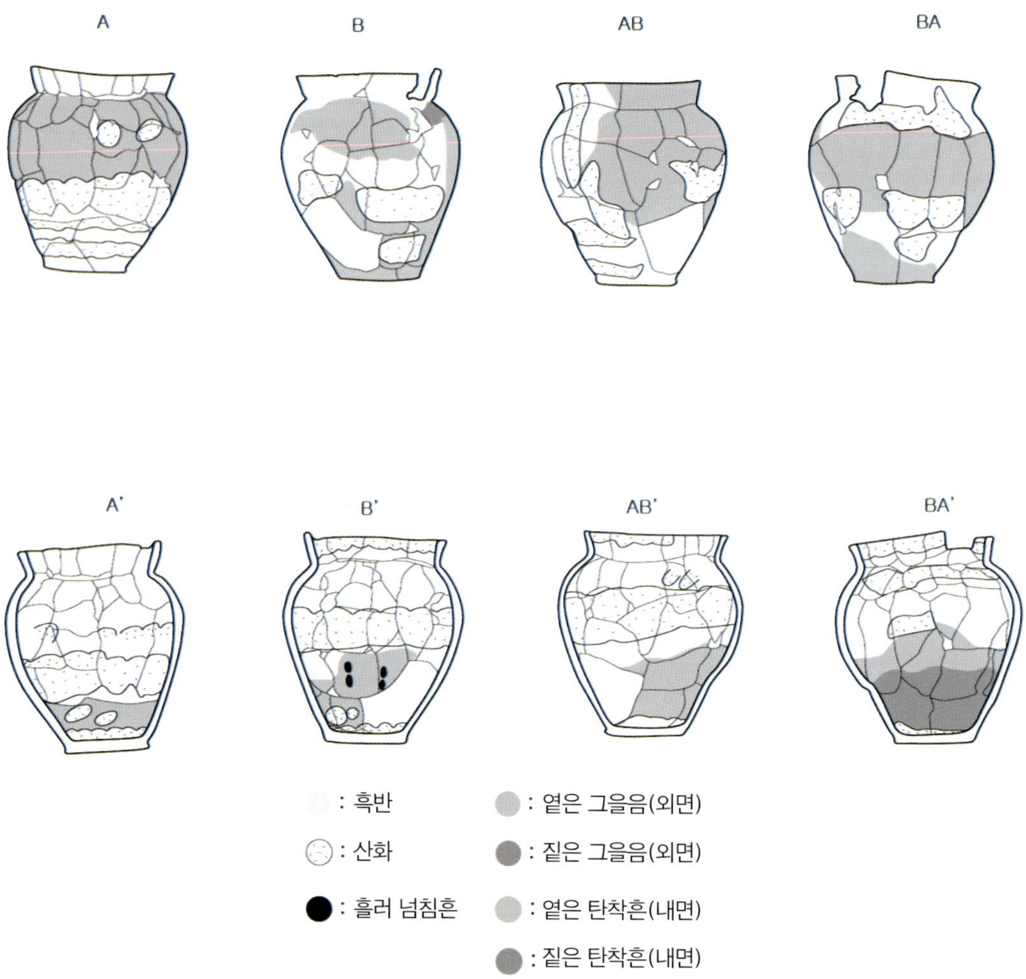

〈도면 3〉 춘천 하중도유적 23번 토기의 취사 조리흔

1) 2011년과 2012년의 한일공동 워크샵은 이를 주관하였던 필자와 小林正史 先生을 비롯한 음식고고연구회와 일본측 연구자들 그리고 한강문화재연구원의 연구원들에 의해 춘천 하중도와 원주 반곡동유적 출토 경질무문토기를 대상으로 이루어졌다. 그러나 유적의 조사내용과 분석결과에 대해서는 현재 보고서를 집필 중이므로 자세한 내용은 향후 이를 통해 제시될 것이다.

내면에서는 구연에서 동체 상부쪽으로 엷은 그을음과 산화부가 형성되어 있으며 탄착흔이 띠상으로 나타나고 있다. 동체 하부의 계수선 아래에서도 탄착흔이 동체 하부에 띠모양을 이루고 있다. 그러나 B-A면의 대응면에서는 보이지 않고 있어 내면의 탄화흔은 고화도의 불길에 닿아 사라진 것으로 보인다. 내면의 하단부에는 밝은 갈색의 원형산화 소실흔이 나타나는데 이것은 장작과 직접 닿으면서 발생한 흔적이다.

이러한 관찰을 종합해 볼 때 경질무문토기를 화덕에 세우고 하단부에는 연료를 배치하여 조리한 것을 알 수 있다. 다만 몇 번에 걸쳐 사용하였는지 알 수는 없으나 구연부와 경부의 그을음으로 보아 여러 차례에 걸쳐 반복적으로 사용되었음을 알 수 있다. 또한 연료와 직접 닿은 부분과 대응면에서 탄착흔, 산화흔, 측면 가열흔 등이 나타나고 있어 화덕 위에 굴려서 뜸들이기가 이루어졌을 가능성이 높다. 그리고 내면에 수분이 줄어들면서 나타나는 흔적으로 보아 주로 밥이나 죽과 같은 음식을 조리하는데 사용되었음을 알 수 있다.

이와 함께 국물형태의 조리에 사용된 춘천 하중도유적의 23번 경질무문토기의 사례를 살펴볼 수 있다(도면 3). 토기의 외면에는 구연부에서 동체부 사이에 그을음이 형성되어 있으며 탄착흔과 산화흔이 뚜렷하게 나타난다. 동체의 저부 쪽으로도 산화흔이 선명하게 나타나는데, 이는 직접적으로 강한 불길에 닿아서 형성된 것으로 보인다. 내면에서는 구연부에 길게 띠 모양으로 산화면이 강하게 나타난다. 탄착흔은 주로 동체하부에서 나타나는데 물방울 모양의 탄착흔도 남아있다. 한편 내외면 모두에서 산화흔이 나타나는 것은 조리에 반복적으로 사용하였기 때문인 것으로 보인다. 전반적으로 동체 하부에서 마모된 흔적이 나타나는데 이러한 현상은 이 부분에 직접적으로 불을 맞았기 때문이다. 조리형태는 경질무문토기를 화덕에 세운 뒤 하단부에서 불을 피워 강한 화기로 조리한 것으로 보이며 내부에는 국물이나 스프처럼 수분이 많이 줄어들지 않는 음식을 조리한 것으로 보인다.

그러나 이러한 국물이나 스프형태의 조리가 반드시 국이나 찌개 형태만을 의미하는 것이 아니라 물을 끓여서 식재료를 삶거나 익히는 등의 다양한 조리 형태도 포함된다. 따라서 후술할 심발형토기를 이용한 조개 끓이기나 나물 데치기와 같은 조리형태도 하나의 가능성이 될 수 있을 것이다. 한편 국물조리에는 뜸들이기 같은 과정이 불필요하기 때문에 화덕 위에서 굴리는 형태의 측면 가열방식은 나타나지 않게된다. 하지만 조리용기가 반드시 한 가지 형태의 조리에만 이용되는 것이 아닌데다, 조리 후에 토기의 외면을 불에 태워서 건조시키는 등의 다양한 원인에 의해 측면에서도 이러한 산화흔이 확인되기도 한다.

한편 밥과 국물요리 외에 채소나 나물을 데치고 육류를 삶는 경우에도 대체로 국물형태의 조리흔적이 남는다. 그러나 수분이 적은 반찬 형태의 조리는 내면의 탄착흔이 무질서하게 나타나게 된다. 이처럼 수분이 적은 반찬조리는 종류와 조리방법 그리고 수분의 양에 따라 정형화되지 않은 탄착흔의 패턴을 보이는 만큼 매우 다양하여 판단하기 쉽지 않은 경우가 있다. 경질무문토기 내면의 탄착흔을 통해 반찬의 조리로 추정되는 사례도 일부 나타나지만 최근의 워크샵(2012. 8)을 통해 이러한 잔존상태가 형성되는 배경이 반찬형태의 조리 외에도 무척 다양한 것으로 알려진 만큼 이에대한 사례는 일단 유보하고자 한다.

이 밖에 물을 끓이는데 사용된 경질무문토기에 대해서는 용량군과 탄착흔을 이용한 검토결과가 있어 주목된다(한지선 2010). 이를 살펴보면 경질무문토기의 용량군은 2L 미만의 소형군, 4L 전후의 소중형군, 6L 전후의 중형군, 10L 전후의 중대형군, 15L 이상의 대형군, 30L 이상의 초대형군으로 구분하였다. 이중 소형은 내면의 경부까지 탄착흔이 부착되고 구연부에도 그을음이 나타나지만 흘러넘친 흔적이 없어 수분이 적은 조리형태이며, 소중형은 동체하부에 띠상의 탄착흔이 나타나므로 밥 짓기용으로 판단하였다. 그러나 중형과 중대형은 동체하부에 띠상의 탄착흔이 나타나지만 내면에는 탄착흔이 없어 주로 물을 끓이는 용도로 보았다. 이것은 탄착흔의 형태가 전면에 나타나는 소형군은 수분이 적은 음식물 데우기, 동체 중상위의 중소형군은 수분이 많은 음식물 조리, 하부 띠상의 중형군부터 대형군까지는 수분이 줄어드는 음식물조리, 탄착흔이 없는 초대형군은 물을 끓이는 용도로 대입한 것이다.

물론 이러한 분석결과가 모든 경질무문토기의 취사조리에서 그대로 적용되는 것은 아니지만 대체적인 취사양상을 이해를 하는데 있어 매우 중요한 개념을 제시하고 있다. 다만 하나의 용기가 한가지의 조리방식에만 사용되는 것이 아니라 취사, 조리, 물 끓이기의 중복이용도 가능하므로 정확한 조리형태는 세밀한 관찰과 도면작성을 통해 판단되어야 한다. 한편 취사에 사용된 경질무문토기의 내외면에는 탄착흔, 그을음, 피열흔, 흘러넘친 흔적을 통해 조리방식과 횟수 등을 파악하기도 한다. 물론 이를 통해 취사 · 조리에 몇 차례에 걸쳐 사용되었는지 밝혀낸다면 이것은 매우 중요한 성과이다. 하지만 취사 · 조리용기의 사용 횟수의 파악에는 여러 조건에 따라 다양한 변수들이 많이 발생하는 만큼 다양한 분석과 검토가 이루어져야 하며 실질적인 횟수 파악에는 어려움이 많다.

최근 여주 연양리유적에서 출토된 경질무문토기에 대한 조리흔의 분석결과가 제시되었다.(고려문화재연구원 2012). 이를 통해 경질무문토기 중에 구연이 약간 짧게 외반하는 2점은 밥짓기에, 구연이 비교적 길게 외반하는 2점은 국물형태의 조리에 이용된 것으로 파악되었다. 따라서 경질무문토기의 구연형태를 통해 취사용기의 기능차가 반영될 수도 있다는 가능성이 제시된 것이다. 아직 일부유적의 사례에 불과한 만큼 좀 더 다양한 유적을 대상으로 한 검토가 이루어진다면 유의미한 결과가 나올 수도 있을 것이다.

2) 중도식 화덕의 취사와 조리

중도식 화덕을 이용한 취사형태는 밥을 짓는 용기와 국물이나 반찬을 조리하는 용기로 경질무문토기가 모두 사용되었다. 따라서 중도식 화덕에서는 밥 짓기와 함께 다양한 음식조리가 이루어졌음을 알 수 있다. 따라서 취사 시에 2개 이상의 경질무문토기를 함께 올려놓고 사용하였을 가능성이 높은 것으로 판단된다. 이 점은 중도식 화덕의 크기가 1m 내외로 이전의 청동기시대에 비해 더욱 커진 만큼 밥 짓기와 함께 반찬류의 조리 등도 같이 이루어졌음을 보여주고 있다(도면 4).

〈도면4〉 중도식 화덕의 경질무문토기 취사형태

한편 가평 대성리유적에서 출토된 경질무문토기 중에 일정시기에만 출토되는 동체가 좁고 긴 형태의 '세장동옹'에 대한 취사방식의 검토도 있었다(박경신 2011). 이를 통해 세장동옹은 일반적인 경질무문토기와 달리 화덕 위에 흙이나 재로 이를 고정하여 취사한 뒤에는 분리하는 형태로 파악하였다. 그러나 아직 이러한 사례가 적은데다 기존의 경질무문토기를 이용한 취사방식보다 비교적 불편한 사용형태인 만큼 향후 좀 더 많은 자료를 대상으로 분석한 결과가 제시된다면 새로운 취사방식의 하나로 이해될 수도 있을 것이다(도면 5).

〈도면5〉 세장동형 옹의 추정 취사방식

이상과 같이 경질무문토기의 내 외면에 나타나는 산화흔, 그을음, 탄착흔, 흘러내림 등을 이용하여 검토한 밥 짓기와 음식의 조리방식에 대해 살펴보았다. 이를 통해 중도식 화덕은 경질무문토기를 세워놓고 주위에 땔감을 방사상으로 배치하여 불길이 토기 저부에서 동체부 위쪽으로 올라가면서 취사가 이루어지도록 하는 방식이다. 이러한 형태는 이미 청동기시대부터 나타나는 평저토기를 이용한 취사방식의 전통이 그대로 이어지고 있는 것이다. 한편 기고가 작은 소형 경질무문토기에는 불길이 구연부 보다 높이 올라가므로 장작 대신 타고남은 잔 숯불을 이용하여 음식을 조리하였다. 그리고 경질무문토기를 이용하여 밥과 죽, 국물음식과 반찬조리가 이루어졌음을 알 수 있다. 그러나 아직까지 개인용 음식기의 분화는 보이지 않고 있어 취사용기도 용도에 따른 명확한 기종 분화는 아직 이루어지지 않은 것으로 판단된다.

이처럼 원삼국시대부터 이어오던 중도식 화덕과 경질무문토기를 이용한 밥짓기와 음식조리는 백제 한성기에도 한동안 이어졌다. 그렇지만 이러한 취사방식은 부뚜막을 이용한 취사방식으로 변화하면서 점차 사라지게 된다. 그래도 경질 무문토기와 같은 평저형태의 토기를 이용한 조리법은 계속 유효하였던 것으로 보인다. 그 이유는 취사방식이 부뚜막으로 바뀌어도 경질무문토기 대신 평저기종인 심발형토기를 지속적으로 사용하였기 때문이다. 이에 대해서는 후술할 심발형토기의 취사방식을 통해 살펴볼 수 있다.

한편 중도식 화덕에서 평저형태인 경질무문토기를 이용한 취사형태는 이전의 청동기시대 취사방식과 비교하더라도 큰 차이는 볼 수 없다. 하지만 일부 발전된 면모를 살펴볼 수 있는데 그중 대표적인 것이 바로 '뚜껑'의 등장이다. 청동기시대까지는 취사용기의 뚜껑이 보이지 않아 사용되지 않았거나 목판 등으로 덮었을 것이다. 하지만 취사에 토기뚜껑이 사용되면서 열효율의 극대화를 꾀할 수 있다. 이와 함께 취사용기 저부의 굽부분이 점차 낮아지거나 사라지는 등 바닥이 얇아지는 것도 취사시 열전도를 높이기 위함으로 볼 수 있으며 이것은 부뚜막의 등장으로 저부를 바닥에서 띄워서 취사하는 방식이 채용되는 것과 무관하지 않다.

이밖에 중도식 화덕의 취사방식에는 옹과 심발 외에 시루도 일부 출토되고 있다. 그러나 경질무문 시루가 공반하더라도 원주 가현동이나 반곡동 유적에서 보듯이 중도식 화덕만 있고 부뚜막은 설치되지 않은 것을 알 수 있다. 따라서 시루는 경질무문토기 옹이나 타날문토기 단경호와 함께 중도식 화덕에서도 일부 사용되었음을 알 수 있다.

이러한 형태를 추정할 수 있는 것으로 화성 발안리 1호 주거지출토 단경호에 경질무문 시루가 올려진 사례가 있어 주목된다. 시루는 대개 장란형토기처럼 동체가 긴 용기 위에 올려 사용되는데 반해 여기에서는 동체가 낮은 단경호 위에 시루가 얹어져 있다. 따라서 취사용기의 기고가 낮아 쪽구들이나 아궁이에는 거치하기 어려운 만큼 함께 설치된 중도식 화덕에서 사용하였을 가능성이 높다. 더욱이 중도식 화덕에는 장란형토기처럼 동체가 긴 용기의 고정이 어려워 불안정하므로 단경호처럼 기고가 낮은 기종이 오히려 취사에 더 안정적일 것으로 생각된다. 그리고 중도식 화덕의 가장자리에 설치되는 넓은 판석은 주거지 내에 위치하는 만큼 방풍이나 방열기능 보다는 시루를 올린 경질무문토기를 기대어 고정하는데 사용되었을 가능성이 높다(도면 6).

〈도면6〉 판석에 기대어 고정한 경질무문토기 시루의 밥짓기

3. 부뚜막의 밥짓기와 음식조리

백제 한성기에는 부뚜막이나 쪽구들에 장란형토기, 시루, 심발형토기를 이용한 취사가 이루어졌다(도면 6). 이와 관련하여 부뚜막을 이용한 실제적인 취사형태와 취사용기의 기능을 밝히기 위한 실험고고학적 연구가 실시되었다. 본고에서는 이러한 실험을 통해 밝혀진 성과를 중심으로 살펴보도록 하겠다(식문화탐구회 · 음식고고연구회 2008 · 2009 · 2011).

〈도면6〉 백제의 부뚜막 취사형태

1) 장란형토기

장란형토기는 대표적인 백제의 취사용기로써, 부뚜막에 걸어 사용하는 기종이다. 장란형토기의 둥글고 긴 몸통은 아궁이에 들어오는 불길이 앞면과 옆면을 지나 뒷면까지 감싸고 지나가면서 최대한 화기를 많이 받아들이도록 최적화되어있다. 그리고 장란형토기의 동체 상부는 아궁이에 거치하는 전이 달리지 않았고 대체로 하중을 지탱해주는 솥받침에 닿을 정도의 크기이다. 사비시기에 흙솥이 사용되기 이전까지, 장란형토기는 부뚜막에서 사용되는 취사용기로써 그 기능을 담당하였다.

1-1) 장란형토기의 실험

장란형토기에 대한 취사실험은 과연 오늘날의 솥과 같은 기능을 하였는지 밝히려는 목적에서 이루어졌다. 따라서 장란형토기를 부뚜막에 걸어 물을 끓이고 밥을 짓는 실험을 통해 나타나는 조리흔을 실제 고고자료와 비교하여 그 가능성에 대해 검토하였다(표 1).

2) 부뚜막과 쪽구들은 난방기능의 여부에 따른 차이일 뿐 취사기능에는 큰 차이가 없는 만큼 부뚜막으로 통칭하고자 한다.

실험토기	물 끓이기				
	A	B			
실험횟수	1회	1회			
내면특징	물이 줄어든 부분까지 얼룩형태 잔존	물이 줄면서 그만큼 내면에 조리흔이 잔존. 계수선의 높이는 앞뒷면이 거의 동일하지만 앞쪽면의 계수선이 약간 더 올라감			
외면특징	점토 부착면 아래로 외면에 그을음 형성	솥받침이 닿은 부분을 제외하고 전면에 그을음 형성			
실험토기	밥짓기				
	C	D			
실험회수	1회	1회	2회	3회	4회
내면특징	· 앞면과 뒷면 모두 탄착흔(계수선)은 거의 동일하게 형성되지만, 앞면에는 수면 아래로 탄착흔이 1곳 형성	· 탄착흔이 앞 뒷면 모두에서 2~3㎝ 가량 형성 · 수면 아래로 탄착흔 1곳 형성	-	· 앞면의 탄착흔 부위가 5㎝로 넓고 짙게 형성되고 뒷면에는 2㎝ 가량 형성 · 수면 아래로 탄착흔이 1곳 형성	· 탄착흔 계수선 3개가 확인 · 수면 아래로 탄착흔이 2곳 형성
외면특징	· 토기 앞면에 그을음이 형성 · 앞면에 산화부가 형성(불의 방향을 따라 산화된 것으로 파악) · 솥받침부분은 그을음이 형성되지 않음	· 솥받침부분을 제외한 전체에 그을음이 형성	-	· 솥받침부분을 제외한 전체에 그을음이 형성	· 솥받침부분을 제외한 전체에 그을음이 형성 · 앞면에 산화부가 형성

〈표 1〉 실험 토기별 내외면의 사용흔적 특징(식문화탐구회 2009에서 일부 수정)

물을 끓이는 실험을 실시한 A와 B토기의 내면에서 띠 모양의 물 얼룩이 확인되었다. 또한 내면에는 물 얼룩의 높이가 높고 넓게 확인되는 부분도 나타났다. 그 이유는 이곳이 아궁이에서 직접 불이 닿은 부위의 안쪽 면에 해당하는 부분이므로 고열로 인해 물이 끓으면서 거품이 만들어져 토기의 기벽을 변색시켰기 때문이다. 이처럼 물을 끓이는 실험은 1회만으로도 내면에 그 흔적이 남는다는 사실을 확인할 수 있었다. 그리고 물 얼룩 외에 불이 직접 닿았던 토기의 앞면은 뒷면에 비해 기벽이 어둡게 변색된다는 사실도 확인되었다. 이를 통해 장란형토기의 내면 색조만으로도 부뚜막에 거치될 당시의 앞면과 뒷면을 판단할 수 있게 되었다.

다음으로 실험토기 C와 D에서는 밥짓는 실험을 실시하였는데 실험토기 C는 1회만 실시하였고, D는 총 4회를 실시하였다. 이는 1회의 조리와 다수의 조리 시에 나타나는 토기 내·외면의 취사흔 차이를 비교하기 위해서이다.

그 결과 밥짓기 실험에서 나타나는 장란형토기의 외면은 물을 끓일 때과 거의 차이가 없었다. 하지만 내면에서는 마치 요즘의 누룽지와 같은 탄착흔이 뚜렷하게 잔존하였다. 게다가 불이 강하게 닿았던 토기 외면의 하단부에는 산화부가 형성되었으며, 토기 내면의 동일한 위치에서도 그대로 탄착흔이 대응되어 나타났다(도면 7-③④).

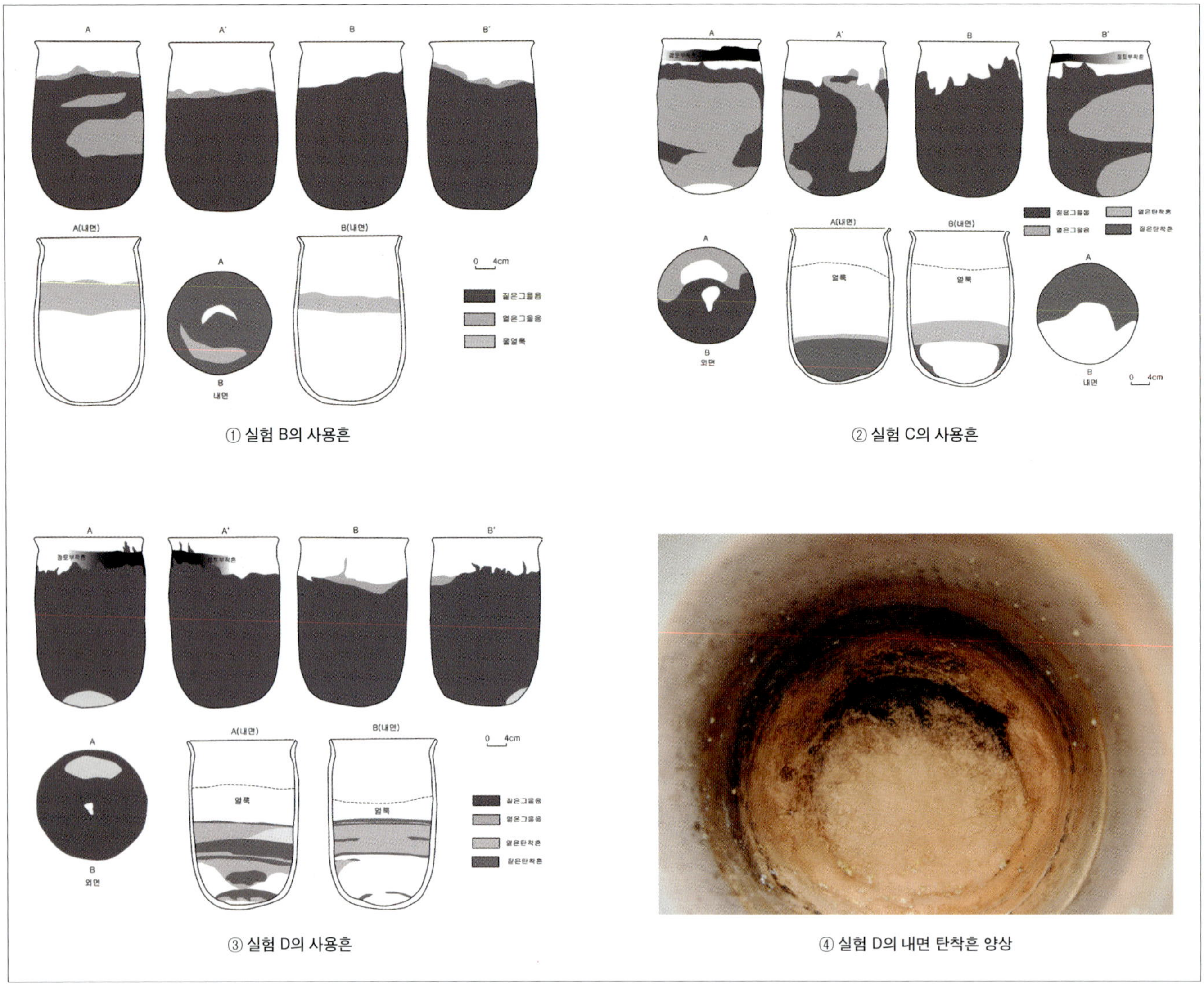

① 실험 B의 사용흔 ② 실험 C의 사용흔 ③ 실험 D의 사용흔 ④ 실험 D의 내면 탄착흔 양상

〈도면 7〉 장란형 토기의 취사흔(음식고고연구회 2011)

1-2) 유물과 실험용 토기의 비교

장란형토기를 이용한 실험결과를 비교하기 위해 유적에서 출토된 유물과 비교하였다. 먼저 하남 미사리출토 장란형토기와 실험토기 B의 외면상태를 비교하였다.

그 결과 두 개의 장란형토기 외면 전체에 그을음이 부착된 것을 알 수 있었다(사진 2). 이 외에 풍납토성에서 출토된 장란형토기도 부뚜막의 앞면에 걸렸던 것으로 추정되는 부분에 넓고 옅은 그을음이 남아있었다. 이를 실험토기 C와 비교해 보아도 미사리출토 장란형토기의 그을음 부착양상과 유사한 것을 알 수 있었다.

그러나 출토유물의 장란형토기 내면을 관찰해보면 대부분 탄착흔이 관찰되지 않았으며 외면에서만 그을음이 나타났다. 이는 물 끓이기에 사용된 실험용 토기 A와 B기에서 관찰되는 양상과도 거의 동일한 것을 알 수 있다. 그러나 〈도면 6-③, ④〉의 실험토기 D와 같이 내면의 누룽지처럼 탄화되어 부착된 흔적이나 기벽의 유기물에서 스며나온 색조가 흡착되면서 생기는 변색 등은 확인되지 않았다.

1-3) 장란형토기의 기능

〈사진 2〉 하남 미사리 출토 장란형토기(왼쪽)와 실험토기 B의 비교(음식고고연구회 2011)

물 끓이기와 밥짓기를 실시한 실험토기와 실제 출토유물을 비교 · 검토한 결과 장란형토기의 용도는 물을 끓이는데 사용한 용기임을 알 수 있었다. 물을 끓이는 용기는 내면에 물이 끓기 시작하면서 생기는 계수선의 흔적 이외에는 어떠한 탄착흔도 남지 않게 된다. 물론 계수선 조차 물이 장시간 끓었을 경우에만 나타나는 흔적이며, 단시간 동안 끓이는 경우에는 이것마저도 잘 나타나지 않는다.

따라서 장란형토기는 오늘날의 솥이나 냄비처럼 직접 밥을 짓거나 음식을 조리하지 않았다는 사실을 알게 되었다. 다만 장란형 토기가 주로 물을 끓이던 용기라고 해서 반드시 물만 끓이는 데 사용되었다고 확단할 수는 없을 것이다. 그 이유는 장란형토기 중에서도 내면에서 조리에 사용된 것으로 추정되는 탄착흔의 부착 사례도 극히 일부나마 나타나기 때문이다. 여하튼 장란형토기는 직접 취사기능의 용기라기 보다 간접 취사기능을 가진 용기이다.

2) 시루

시루는 삼국시대에 가장 많이 출토되는 기종이므로 백제에서도 취사용기로 활발하게 사용되었을 것으로 추정된다. 따라서 시루를 이용하여 일상적으로 밥을 지었을 가능성에 중점을 두고 검토하였다. 그러나 시루는 단독으로 취사가 가능한 기종이 아닌 만큼 여기에 결합하여 물을 끓이는 용기도 필요로 하게 된다. 이에 장란형토기와 심발형토기 등의 취사용기를 결합용기로서 검토하였다. 그 결과 심발형토기는 기고가 낮아 부뚜막에 거치하기 어려울 뿐 아니라 시루와 결합하기에 높이와 무게의 균형을 맞추기가 쉽지 않았다. 따라서 시루와 결합되어 사용되었을 가능성이 가장 높은 기종으로 장란형토기가 더 적합하다고 보았다(도면 8).

2-1) 시루의 실험

장란형토기는 앞의 취사실험에서 보듯이 직접 밥을 짓는 용기가 아니라 물을 끓이는데 사용되었다는 사실이 밝혀진 만큼 단독으로 취사에 이용될 수 없는 기종이다. 따라서 시루와 결합하여 밥을 지었을 가능성을 확인하기 위한 실험이 이루어졌다. 시루를 이용한 밥짓기 실험에는 백제의 유적들에서 주로 출토되는 곡물의 종류를 선별하여 물에 불려 사용하였다. 물에 곡물을 불려서 사용하는 것은 취사 시 호화가 잘 이루어지도록 하기 위함이며 그 비율과 불린 시간은 아래의 〈표 2〉과 같다.

〈도면 8〉 부뚜막과 시루의 취사형태

실험 1회차	밥짓기(물1.5 *l* +곡물600g(=현미200g+조200g+콩100g+팥100g))	불린시간: 1시간 30분
실험 2회차	밥짓기(물1.5 *l* +곡물450g(=현미100g+조150g+콩100g+팥100g))	불린시간: 17시간
실험 3회차	밥짓기(물1.5 *l* +곡물450g(=현미100g+조150g+콩100g+팥100g))	불린시간: 17시간
실험 4회차	밥짓기(물1.5 *l* +곡물450g(=현미100g+조150g+콩100g+팥100g))	불린시간: 17시간
실험 5회차	밥짓기(물1.5 *l* +곡물600g(=현미200g+기장200g+콩100g+팥100g))	불린시간: 1시간 30분
실험 6회차	밥짓기(물1.5 *l* +곡물400g(=현미400g))	불린시간: 1시간 30분

〈표 2〉 실험 회차별 곡물의 종류와 조건(음식고고연구회 2011에서 일부 수정)

시루를 이용한 실험은 모두 6차례에 걸쳐 실시되었으며, 취사시간에 따른 시루와 장란형토기 내 · 외면의 변화, 곡물의 온도와 수분의 변화 등을 측정하였다. 다만 6번의 실험 중에서 5 · 6회차에는 물이 끓은 후 10분 뒤부터 물을 각 200g씩, 10분마다 3차례씩에 걸쳐 곡물 위에 골고루 뿌려주었다(표 3).

실 험 내 용	시루를 이용한 밥짓기						
실험회차 및 기상조건	장란형 토기	2회 사용 후 금이 발생		4회 이상 지속 사용			
	실 험	1회	2회	3회	4회	5회	6회
	날 씨	맑음 (25.4℃, 16%)	맑음 (25.2℃, 38%)	맑음 (25.4℃, 24%)	맑음 (25.4℃, 18%)	맑음 (25.3℃, 21%)	맑음 (25.4℃, 15%)
취사조건	조리시간	45분	47분	30분	55분	57분	50분
	끓어오른시간	18분	27분	6분	12분	35분	24분
	연료량	6.5kg	7.0kg	8.5kg	4.2kg	6.5kg	5.5kg
밥의 형태	5·6회차는 수분추가 3회 (각 200g)	찰기없는 고두밥	찰기없는 고두밥	콩이 약간 덜 익은 고두밥	찰기없는 고두밥	수분이 적정한 밥	수분이 적정한 밥

〈표 3〉 시루의 밥짓기 실험 결과표(음식고고연구회 2011에서 일부 수정)

시루를 이용한 실험결과 장란형토기의 외면에는 피열부위가 점차 넓어지고 불을 직접 맞는 부위에서는 산화흔이 확인되었다. 내면에는 수면이 줄어들면서 생긴 계수선이 나타났으며 물이 끓으면서 발생하는 거품흔적도 하얗게 나타났다.

이에 반해 시루는 직접 불에 닿지 않는 기종이므로 내외면에서 탄착흔, 그을음, 산화흔 등은 거의 형성되지 않았다. 그러나 바닥의 증기구멍 주위로 약하게 탄화흔이 나타나는 것으로 보아 강한 열전도가 이루어졌다는 사실을 알 수 있었다(도면 9). 따라서 시루에 전달되는 수증기의 온도가 高熱이며, 장란형토기에서 시루로 전달되는 증기의 온도 또한 매우 높았음을 알 수 있다.

〈도면 9〉 시루의 취사흔 분석(2011 음식고고연구회)

2-2) 시루에 지은 밥의 검토

장란형토기 위에 시루를 올려서 밥을 짓는 실험을 실시한 결과, 요즘의 솥에 지은 밥에 비해 수분이 약간 적은 고두밥 상태가 되었다. 따라서 현재 우리가 먹고 있는 밥에 가까운 형태가 되도록 밥 짓는 시간을 늘려보았다. 하지만 취사시간이 늘어난다고 해서 고두밥 형태가 진밥 형태로 바뀌게 되는 근원적인 해결책은 될 수 없었다.

이러한 문제점을 풀고자 밥을 짓기 전에 곡물을 장시간 물에 불리거나 밥을 짓는 중간에 물을 뿌려주는 방법을 실시하였다. 그 결과 장시간 물에 불리는 방식보다는 중간에 물을 뿌려주는 것이 밥의 수분 함량을 늘리는데 효과가 있음을 알게 되었다. 취사도중 수분을 보충하게 되면 오늘날의 솥에 짓는 밥보다는 약간 건조하지만 그래도 밥으로 먹기에 충분한 정도의 수분 함량에 도달하는 것을 알 수 있었다. 한편 시루를 이용한 취사실험을 비교 · 검증하기 위해 부뚜막에 오늘날 사용하는 도구인 양은 솥과 질 시루를 이용한 밥 짓기도 실시하였다. 그러나 이 실험에서도 역시 고두밥 형태로 완성되어 시루에 밥을 짓는 실험에서 모두 동일한 결과를 얻었다.

한편 일본에서도 고분시대의 부뚜막과 취사용기를 복원하여 취사실험을 한 사례가 있는데 여기에서도 시루에 밥을 찔 때 물을 뿌려 주어야 쌀이 부드러워지고 식어도 굳지 않는다고 하여 고두밥을 방지하는 방법이 제시된 바 있다(かみみつけの里博物館 2004). 따라서 시루에 찌는 밥의 형태는 고두밥처럼 수분이 적고 딱딱한 밥이 된다는 사실을 새삼 확인할 수 있었다(사진 3).

〈사진 3〉 고분시대의 시루로 밥짓는 실험과 시루에 물 뿌리기(かみつけの里博物館)

3) 심발형토기

장란형토기에 시루를 결합하여 밥을 짓는 것이 일반적인 백제의 밥짓기 방식으로 알려진 것에 비해 심발형토기는 그 용도가 분명하게 밝혀지지 않았다. 따라서 심발형토기의 기능을 밝히기 위한 다양한 조리실험을 실시하여 실제 출토유물과 비교 · 검토해보았다.

전술한 것처럼 심발형토기는 시루와 결합하거나 부뚜막에 거치하여 사용하였다고 보기에 크기가 작아 그 가능성이 매우 낮았다. 물론 시루와 함께 심발을 이용하여 밥을 지었을 가능성이 없지 않으나 일상적인 취사용기로 보기도 어려운 편이다. 그 이유는 심발에 밥을 짓는 취사방식이 존재한다면 굳이 장란형토기와 시루를 이용하면서까지 취사할 필요가 없기 때문이다.

따라서 장란형토기와 시루에는 밥을 지었다면 심발형 토기는 그 외의 조리에 사용되었다는 가능성에 염두를 두고 실험을 실시하였다. 그 이유는 백제의 여러 토기기종 가운데 심발형토기 외에는 조리용기로 이용될 수 있는 기종이 없기 때문이다. 따라서 심발형토기를 대상으로 다음과 같은 조리형태의 가능성을 살펴보았다.

- 밥짓기 외의 용도가 있다.
- 적은 용량의 조리에 적합한 형태이다.
- 부뚜막에 거치하지 않고도 조리할 수 있다.
- 평저형태로 세워놓고 조리할 수 있다.

3-1) 심발형토기의 취사 · 조리실험

이상의 전제조건으로 본다면 시루로는 불가능한 조리형태인 죽이나 국물을 끓이고 삶는 방식이 주효할 것으로 생각된다. 또한 평저상태로 사용이 가능하다는 사실을 감안하면 만큼 중도식 화덕을 이용한 조리형태가 참조되는데, 내 외면의 그을음과 탄착흔을 통해 직접 조리가 가능하다는 것을 알 수 있다. 따라서 이러한 가능성을 바탕으로 다음과 같은 조리실험을 실시하였다(표 4). 다만 밥 짓기의 가능성을 완전히 배제할 수는 없는 만큼 마지막 회차의 실험방식으로 채택되었다.

실험토기	실험내용		날씨	조리시간	끓기 시작한 시간	연료량	그을음		내면 탄착흔	산화소실	토기상태
							외면A	외면B			
1회차 실험	죽 끓이기	1번	맑음	50분	24분	1kg	있음	있음	있음	없음	양호
		2번	맑음	54분	31분	1.1kg	있음	있음	있음	없음	양호
		3번	맑음	43분	20분	잔숯불	있음	있음	-	없음	양호
2회차 실험	죽 끓이기		맑음	60분	24분	잔숯불	있음	있음	없음	없음	양호
3회차 실험	바지락 데치기		맑음	46분	10분	잔숯불	있음	있음	없음	없음	양호
4회차 실험	채소 대치기		맑음	30분	25분	잔숯불	있음	있음	없음	없음	양호
5회차 실험	밥 짓기		맑음	60분	34분	잔숯불	있음	있음	있음	있음	양호

〈표 4〉 실험별 조리내용 및 토기 상태(음식고고연구회 2011에서 일부 수정)

1회차 실험은 모두 죽을 끓이는 실험으로 3번에 걸쳐 실시되었는데, 각각 곡물과 물의 양을 다르게 하여 취사흔의 변화양상을 살펴본 것이다. 그 결과 1번 실험에서는 거의 외면의 전체에 그을음이 형성되었으며 내면에서는 계수선 위로 1.5~2.0cm 정도의 탄착흔이 나타났다. 그리고 2번 실험에서는 연소된 연료를 빼고 그 위에 잔가지를 조금씩 올리면서 불을 조절하였다. 그 결과 외면의 전면에서 그을음이 부착되었고 3차례에 걸쳐서 끓어 넘쳐 흘러내린 흔적이 관찰되었다. 그리고 1번 실험에서 형성된 그을음은 2번 실험과정에서 산화되어 저부 외면에 부분적으로 옅은 그을음만 나타났다.

한편 죽을 끓이는 조리에서는 도중에 휘젓기를 하지 않으면 곡물이 물과 잘 섞이지 않아 덩어리 상태로 남는 경우가 확인되었다. 따라서 심발형토기를 이용한 죽 끓이기를 할 때 지속적으로 저어주어야 한다는 사실도 알게 되었다.

3번 실험에서는 잔 숯불을 이용하더라도 조리실험 도중 여러 차례 끓어 넘쳐 흘러내렸는데 이것은 고고자료에서 보이는 심발형토기 외면의 흘러넘친 흔적과 거의 동일하였다. 이와 함께 이전의 조리에서 생긴 탄착흔이 사라지고 계수선 위로는 얼룩이 형성되었다.

2회차의 죽 끓이기 실험에서는 심발형토기의 동체 전면에서 미약하게 그을음이 보일 뿐 1회차 실험에 비해 전면적인 양상은 아니었다(도면 10). 그 이유는 1회차 실험에서 연기와 그을음이 발생하는 나뭇가지를 연료로 사용한 반면, 이번에는 잔숯불로 조리하였기 때문이다. 또한 내면에서 탄착흔이 발생하지 않아 심발형토기 외면의 그을음 양상은 연료의 형태와 사용방식에 따라 차이가 발생한다는 것을 알 수 있었다.

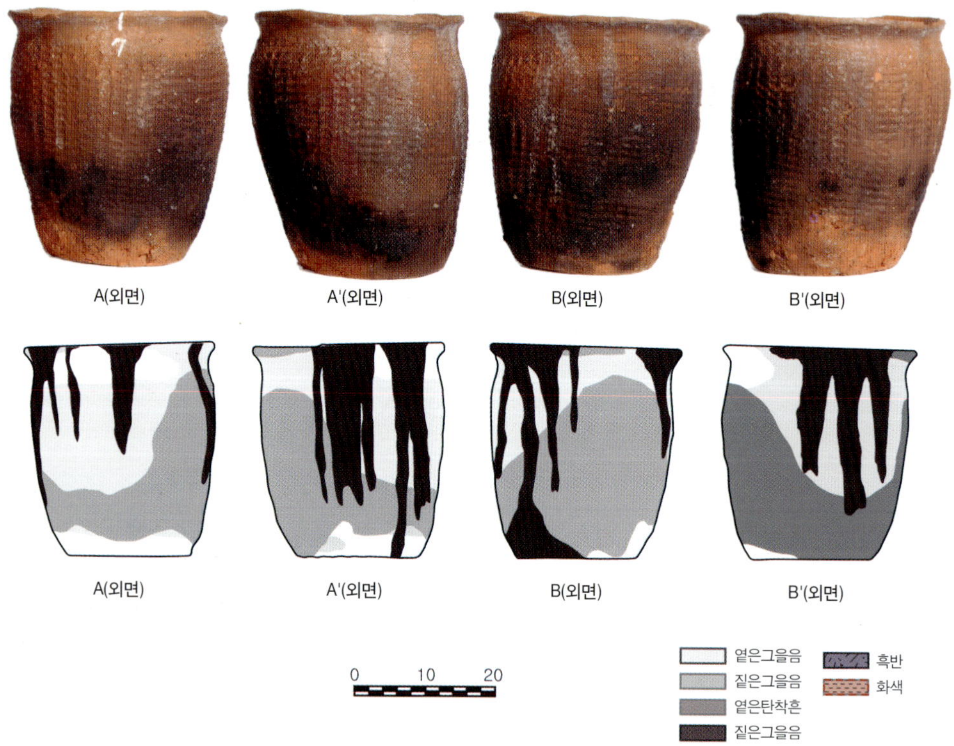

〈도면 10〉 2회차 심발형토기를 이용한 죽 끓이기 실험 후 취사흔(음식고고연구회 2011)

3회차의 바지락조개 끓이기 실험에서는 심발형토기의 외면에 동체부에서 구연부까지 그을음이 확인되지만 저부에서는 나타나지 않아 대부분 산화 소실된 것을 알 수 있다. 그러나 내면에서는 끓으면서 생긴 얼룩이 계수선에서 구연 부분까지 잔존하였다.

4회차의 야채 데치기 실험에서는 심발형토기 외면의 구경부와 저부 일부를 제외한 전면에서 그을음이 나타났지만 내면에는 계수선 아래에서 얼룩만 일부 확인되었다. 이를 통해 수분이 크게 줄어들지 않는 조리에서는 탄착흔 대신 계수선이나 구연부 등에 수증기나 내용물 등의 영향을 받아 얼룩이 형성된다는 사실을 알 수 있었다.

5회차에는 가능성의 검토 차원에서 잔 숯불을 이용한 밥짓기를 실험하였다. 그 결과, 심발형토기의 외면에는 저부의 일부를 제외한 전면에서 그을음이 부착되었다. 그리고 내면에서는 띠상의 탄착흔과 그 위로 수증기에 의해 발생한 얼룩이 구연부까지 나타났다. 이러한 양상은 중도식 화덕에 경질무문토기를 이용하여 취사실험을 실시한 결과와 대체로 유사하였다.

3-2) 실험토기와 출토자료의 비교

실험에 사용된 심발형 토기의 내외면에 나타나는 취사흔과 풍납토성에서 출토된 실제사례의 비교를 통해 조리방식을 유추해보았다(사진 4). 그 결과 2회차 실험에 사용된 심발형토기와 풍납토성 출토 심발형토기를 비교해보면 양쪽 모두 동체 아랫부분에서 구연부 사이에 그을음이나 흘러넘친 흔적들이 나타났다. 이러한 형태는 밥이나 죽과 같이 수분이 끓으면서 점차 줄어들면서 완성되는 조리방식에서 나타나는 양상이다. 그러나 물이 거의 줄어들지 않는 조리실험에서는 이러한 흔적이 나타나지 않아 음식의 조리방식에 따라 탄착흔의 잔존 양상이 명확하게 다른 것을 알 수 있다. 따라서 실험을 통해 이러한 죽 형태의 걸쭉한 음식조리에 심발형토기가 이용되었을 가능성은 분명해졌다.

〈사진 4〉 풍납토성 출토품과 2회차 실험용 심발형토기의 비교(음식고고연구회 2011)

한편 실험용 토기와 풍납토성 출토품 모두 저부외면과 바닥면에서 그을음이나 산화흔은 나타나지 않았다. 따라서 심발형토기는 부뚜막의 아궁이 앞쪽에 두고 밥을 짓고 난 잔 숯불을 주위에 돌려서 조리를 한 것으로 판단된다(도면 11). 심발형토기는 기고가 낮기 때문에 대체로 장작불보다 잔숯불을 이용하므로 외면 전체에 그을음이 형성되는 사례는 많지 않으나 필요에 따라 잔숯불 위에 잔가지 등을 이용하여 화력을 높였을 수도 있다. 그리고 잔 숯불을 이용하여 조리를 하면 저부 외면쪽에 주로 불이 닿게 되므로 이 부분에 붉게 산화가 이루어지고 그 윗면에는 그을음이 형성되지만 이 부분도 산화되어 사라지는 경우도 확인된다.

이밖에 심발형토기를 이용하여 국물이 많은 형태의 조리실험과 밥짓기 실험은 전술한 중도식 화덕에서 경질무문토기를 이용한 취사형태의 검토와 동일한 것을 알 수 있다. 본고에서는 비록 생략되었지만 국물음식의 조리에 사용된 취사흔 역시 심발형토기에서 확인되는 만큼 사용 가능성이 높은 형태이다.

〈도면 11〉 심발형토기와 시루의 취사 · 조리형태

3-3) 심발형토기의 조리형태 검토

실험을 통해 심발형토기의 기능을 살펴보면 죽, 국물음식, 반찬조리, 음식을 데우는 용도 등에 사용되었을 것으로 생각할 수 있다. 이 중 죽의 형태는 실험에서 토기 외면에 흘러내린 탄착흔이나 내면의 수분이 줄어드는 계수선을 통해 사용이 분명한 종류로 볼 수 있다.

국물음식도 실험에서 나타난 것처럼 가능성이 높은 조리형태이다. 다만 많은 양을 끓여야 하는 경우에는 장란형토기처럼 큰 용기를 이용하고 적은 양은 심발형토기를 이용하였을 가능성도 생각해볼 수 있다. 그리고 다양한 종류의 반찬을 만들기 위해 심발형토기에 식재료를 넣고 삶거나 데쳐서 익히고 조리하는 방식도 사용되었다. 비록 당시의 식재료 전반에 대한 실험은 이루어지지 못하였지만 일부 사례로 보더라도 충분히 이용 가능한 형태이다.

실험을 통해 심발형토기는 죽, 국물조리, 반찬조리에 이용되었음을 알 수 있다. 이와 함께 심발형토기를 이용하여 밥을 지은 결과 이것도 충분히 가능하다는 사실이 확인되었다. 따라서 일상적인 취사가 아닌 일시적이거나 긴급한 경우에는 여기에 밥을 지었을 가능성도 완전히 배제할 수는 없다고 생각한다. 이밖에 밥이나 음식물을 데우거나 배식기로도 사용되었을 가능성도 있지만 아직 이러한 용도에 대해서는 명확한 분석이 이루어지지 않아 향후 이에 대한 가능성의 검토가 필요하다.

이상과 같은 검토 내용으로 본다면 심발형토기의 기능은 마치 오늘날의 냄비와 같은 용도로 사용되었다고 할 수 있을 것이다. 그 이유는 냄비가 국이나 다양한 음식의 조리는 물론 임시로 밥을 짓는 용도로도 사용되기 때문이다.

4. 백제 사람들의 밥 짓기와 음식조리

백제의 음식문화를 이해하기 위한 첫걸음으로 비교적 고고자료가 많이 남아있는 화덕과 부뚜막 그리고 취사 · 조리용기를 이용한 당시의 밥짓기와 음식조리에 대해 살펴보았다. 다만 백제 한성기에 해당하는 조리방식에 중점을 두고 살펴보았으나, 대체로 부뚜막을 이용하는 방식은 삼국시대 전반의 취사 · 조리형태와 큰 차이가 없을 것으로 생각한다.

그동안 백제의 취사형태는 대체로 부뚜막에 장란형토기와 시루를 이용하여 밥짓기가 이루어진 것으로 인식되었다. 하지만 한성기에도 중심지에서 멀리 떨어진 지역에서는 원삼국시대의 음식문화 전통이 한동안 유지되어 중도식 화덕을 이용한 취사와 조리가 이루어졌다. 그 형태는 경질무문토기를 화덕 위에 세워놓고 주위에 땔감을 방사상으로 배치하여 불길이 토기 저부에서 동체부 위쪽으로 올라가면서 취사 · 조리가 이루어지는 방식이다. 이러한 방식은 이미 청동기시대부터 나타나는 평저토기를 이용한 취사전통이 이어지고 있는 것이다

이를 통해 경질무문토기에서 밥과 죽, 국물음식과 반찬조리 등이 모두 이루어졌음을 알 수 있다. 그러나 개인용 배식기는 보이지 않고 있어 아직 식기의 분화까지는 이루어지지 않았음을 알게 되었다. 이러한 중도식 화덕을 이용한 밥짓기와 음식조리는 백제 한성기까지도 한동안 이어지다가 점차 부뚜막을 이용한 취사방식으로 변화하면서 사라지게 되었다. 하지만 경질무문토기와 같은 평저형태의 토기를 이용한 조리방식은 이후에 심발형토기로 이어져 지속하게 된다.

백제 한성기의 보편적인 취사시설은 부뚜막이며 여기에는 장란형토기, 시루, 심발 등이 취사용기로 사용되었다. 따라서 부뚜막과 취사용기를 복원하고 취사실험을 실시하여 백제의 취사형태와 조리방식에 대해 살펴보았다. 이를 통해 백제의 취사형태는 부뚜막에 장란형토기를 걸고 그 위에 시루를 올려서 밥을 지었음이 명확하게 밝혀졌다. 그리고 심발형토기는 밥을 짓는 용도를 제외한 대부분의 음식조리에 이용된 것도 알게 되었다. 따라서 장란형토기가 오늘날의 솥이라면 심발형토기는 냄비와 같은 기능을 하였다고 볼 수 있을 것이다. 다만 취사형태를 밝히기 위한 실험에 집중이 되다보니 다양한 음식의 형태나 배식용기에 대한 검토는 이루어지지 못하였다. 따라서 향후에는 이러한 부분에 대해서도 분석적 연구가 이루어져야 할 필요가 있다.

한편 백제의 음식문화에 대한 고고학적 연구는 대체로 2000년대에 이르러서야 본격적으로 시작되었지만 짧은 시간동안 비약적인 연구성과와 발전이 있었다. 그리고 그 배경에는 무엇보다 실험고고학적인 연구방법론을 통한 접근이 무척 주효했다고 생각한다. 이러한 사실은 비단 우리나라 뿐 아니라 일본의 사례에서도 볼 수 있는데 매년 새로운 연구성과들이 제시되고 기존의 관점과 결과에 대한 再考까지 필요로 하기 때문이다. 더욱이 고고민족지적 연구와 실험고고학이 함께 진행되면서 상호보완과 검증 및 비교자료로서 많이 활용되고 있기 때문이다. 앞으로도 백제의 음식문화를 이해하고 밝혀내기 위해서는 다양한 실험고고학적 연구방법론의 개발 역시 지속적으로 이루어져야 할 것이다. 이를 바탕으로 백제의 음식문화 연구도 한층 더 발전하고 수준 높은 성과를 이루어 낼 수 있을 것으로 기대해 본다.

〈참고문헌〉

- 高麗文化財研究院, 『驪州 淵陽里 遺蹟』, 2012.
- 박경신, 「가평 대성리유적 출토 세장동옹의 취사방식」, 『가평 대성리유적』 Ⅱ, 겨레문화재연구원, 2011.
- 食文化探究會, 「炊事形態의 考古學的 硏究」, 『계층사회와 지배자의 출현』, 한국고고학회 창립 30주년 기념 한국고고학전국대회 자유패널, 2006.
- 食文化探究會, 『炊事의 考古學』, 서경, 2008.
- 오승환 외, 「삼국시대의 취사형태 복원을 위한 기초연구」, 『야외고고학』 제6호, 한국문화재조사연구기관협회, 2009.
- 음식고고연구회, 『炊事實驗의 考古學』, 서경문화사, 2011.
- 이성우, 『古代 韓國食生活史硏究』, 鄕文社, 1992.
- 이성주, 「혁신도시 개발사업부지 발굴조사 성과로 본 원주지역의 원삼국 · 삼국 문화」, 『원주 혁신도시 오천년의 기록』, 원주역사박물관 · 한강문화재연구원, 2011.
- 한강문화재연구원, 『강원 원주 혁신도시 개발사업부지 문화유적 발굴조사 약보고서』, 2010.
- 한강문화재연구원, 『4대강(북한강) 살리기 사업 춘천 중도동 하중도 B지구 문화재 발굴조사 약식보고서』, 2011.
- 한지선, 「중도식 경질무문토기에서 보이는 조리방법의 검토」 『고고학』제6-2호, 서울경기고고학회, 2007.
- 한지선, 「중도식 무문토기의 기능과 사용법」, 『중도식 무문토기의 전개와 성격』, 숭실대학교 박물관, 2010.
- 小林正史 · 福海貴子, 「スス·コゲからみた八日市地方遺跡の · 生中期深鍋による調理方法」, 『土器使用痕研究』, 2011.
- かみみつけの里博物館, 『古代の蒸し器を使ったら - 土製 · 木製甑の使用實驗』, 2004.

부록

도판목록

도판목록

연번	위치		출토지	사이즈	출처
1		배부른항아리 長胴壺	풍납토성 경당지구 196호		
2		둥근밑항아리 圓底壺	원주 반곡동		한강문화재연구원
3		저장용 토기와 돌뚜껑	동해 송정동	높이 16.5	국립춘천박물관
4		유약바른 도기항아리 施釉陶器	풍납토성 경당지구 196호	높이 55.5	
5		복숭아씨 桃核	강릉 강문동		강릉원주대학교박물관
6		조 粟	강릉 강문동		강릉원주대학교박물관
7		고배에 담긴 감 高杯/柿	창원 다호리	높이 7.5	국립중앙박물관
8		밤 栗	창원 다호리		국립중앙박물관
9		멧돼지 치아 山猪 齒牙	풍납토성 경당지구 9호		한신대학교박물관
10		동물뼈 동물骨	몽촌토성		서울대학교박물관
11		명주조개 改良貝	몽촌토성		서울대학교박물관
12		동제접시 銅製碟	공주 무령왕릉		국립공주박물관
13		고둥 卷貝	강릉 강문동		강릉원주대학교박물관
14		고래늑골 鯨髆	강릉 강문동		강릉원주대학교박물관
15		금동대향로 – 낚시하는 선인	부여 능산리		
16		어망추 漁網錘	풍납토성 가-47호		
17		생선뼈 魚骨	풍납토성 경당지구 9호		한신대학교박물관
18		토관 土管	풍납토성 가-26호 수혈	길이 16.2	
19		두레박 토기 罐土器	대진 · 동산연립주택부지 우물		
20		두레박 罐	부산 고촌		부산박물관
21		바가지 瓢		길이 14.8, 너비 22.1	국립가야문화재연구소
21		바가지 瓢		길이 10.6, 너비 16.5	국립가야문화재연구소
23		절구 杵	부산 고촌		부산박물관
24		절구와 절구공이杵	부산 고촌		부산박물관
25		도마 俎	아산 갈매리	길이 26.6, 너비 10.5	한국고고환경연구소
26		식칼 刀子	창원 다호리	길이 28	국립중앙박물관
27		손칼 刀子	풍납토성		
28		귀때토기 注口土器	인천 중산동	높이 21.5	한강문화재연구원
29		동제 다리미 銅製熨斗	공주 무령왕릉	길이 49	국립공주박물관
30		아궁이 테 爐趾用土製品	용인 고림동		한신대학교박물관
31		연가편 煙家片	익산 왕궁리		국립부여문화재연구소
32		이동용 부뚜막 移動用爨	익산 왕궁리		국립부여문화재연구소

연번	위치		출토지	사이즈	출처
33		이동용 부뚜막 移動用爨	평북 운산 용호동	길이 67.2	
34		경질무문토기 뚜껑蓋	하남 미사리	높이 9.2	한국고고환경연구소
35		경질무문토기 硬質無文土器	풍납토성		
36		계란모양토기 長卵形土器	풍납토성		
37		계란모양토기 長卵形土器	풍납토성		
38		깊은바리 深鉢形土器	풍납토성		
39		시루 甑	원주 반곡동	17×25×12.5	한강문화재연구원
40		시루 甑	풍납토성 가-14호 수혈	높이 30.7	
41		시루 甑	몽촌토성 87-2호 저장구덩이	높이 25.0	서울대학교박물관
42		시루 甑	풍납토성 가-2호 주거지	높이 36	
43		시루 甑	동해 송정동	높이 21.5	국립춘천박물관
44		사발 盌	풍납토성		
45		칠기 잔 漆器盞	원주 법천리	복원품	국립춘천박물관
46		청동젓가락 青銅箸	부여 관북리	길이 23.2	국립부여문화재연구소
47		청동젓가락 青銅箸	부여 왕흥사지		국립부여문화재연구소
48		청동 수저 青銅匙	공주 무령왕릉	길이 18.2~21.2	국립공주박물관
49		국자 杓子	창원 다호리		국립공주박물관
50		상 案	부산 고촌	길이 51.2	부산박물관
51		상 案	부산 고촌	길이 27.1	부산박물관
52		굽다리 접시 高杯	풍납토성		
53		그릇받침 器臺	몽촌토성	높이 54	서울대학교박물관
54		돌절구 石臼	풍납토성	높이 11	
55		돌절구 石臼	화성 소근산성	높이 8.2	경기도박물관
56		닭머리모양항아리(주전자) 鷄首壺	천안 용원리	높이 16.4	국립공주박물관
57		닭머리모양항아리(주전자) 鷄首壺	공주 수촌리	높이 23	국립공주박물관
58		칠기 漆器	부산 고촌	길이 6.5	부산박물관
59		칠기 漆器	부산 고촌	길이 8.8	부산박물관
60		받침있는 은잔 銅托銀盞	공주 무령왕릉	높이 15	국립공주박물관
61		초두 鐎斗	원주 법천리	높이 19.7	
62		양모양 청자 羊形靑瓷	원주 법천리	높이 12.4	국립중앙박물관
63		남성용 변기 男性用 便器	부여 군수리	길이 25.7	국립부여박물관
64		여성용 변기 女性用 便器	부여 군수리	길이 36	국립부여박물관

2012년 백제생활문화특별전 의 · 식 · 주

백제의 맛

음식이야기

Taste of Baekje : *Food & Cooking*

발행일 2012년 12월

발행인 이인숙 한성백제박물관장

발행처 서울특별시 송파구 위례성대로 71 한성백제박물관
02-2152-5800
http://baekjemuseum.seoul.go.kr

제 작 (주)작품오늘

인 쇄 삼화특수인쇄

ISBN 9788991553545 93910